LA
҆LIE ÉROTIQUE

PAR

B. BALL

Professeur à la Faculté de Médecine de Paris
Membre de l'Académie de Médecine,
Médecin des hôpitaux.

DEUXIÈME ÉDITION

PARIS

LIBRAIRIE J.-B. BAILLIÈRE ET FILS

19, RUE HAUTEFEUILLE, près du boulevard Saint-Germain

1893

LA
FOLIE ÉROTIQUE

Messieurs,

Si j'entreprends aujourd'hui de vous parler de la folie érotique, ce n'est point assurément pour complaire à une vaine curiosité.

Mon but est tout différent.

Je veux d'abord vous montrer par un mémorable exemple combien les délires les plus nettement limités plongent profondément leurs racines jusqu'au fond de notre individu.

Je veux ensuite vous faire sentir combien il est difficile de fixer néttement la ligne de démarcation entre la raison et la folie.

Parmi les instincts réguliers et normaux dont la nature nous a pourvus, il n'en est certainement aucun qui exerce une aussi puissante influence sur nos sentiments et notre caractère que l'instinct génital ; et par cela même il n'en est aucun qui se prête à des perversions plus étranges même chez les sujets qui paraissent sous tous les autres points de vue avoir conservé l'équilibre de leurs facultés.

Par ses rapports avec l'un des sentiments les plus puissants et les plus légitimes de la nature humaine, cette étude présente autant d'intérêt pour le philosophe que pour le médecin.

Par ses connexions intimes avec la médecine légale, elle offre au point de vue pratique une importance hors ligne.

Tous les jours, les tribunaux ont à s'occuper d'affaires scandaleuses, dans lesquelles la part du crime et de la folie est presque impossible à déterminer. Et c'est ici que les habitudes d'esprit de chacun jouent un rôle de premier ordre dans la décision qui intervient. La sévérité est la règle chez les uns, l'indulgence prédomine chez les autres.

Il est donc absolument indispensable de s'appuyer sur des connaissances solides et pratiques pour arriver à une saine appréciation des faits de ce genre.

Mais il existe à cet égard une division profonde et fondamentale. Esquirol, à qui nous devons une excellente description de la folie érotique (1) a établi une distinction entre l'*érotomanie* ou *folie de l'amour chaste* et la *nymphomanie* ou *folie avec excitation sexuelle.*

« L'érotomanie, dit Esquirol, diffère essentiellement de la nymphomanie et du satyriasis. Dans celle-ci le mal naît des organes reproducteurs, dont l'irritation réagit sur le cerveau ; dans l'érotomanie, *l'amour est dans la tête.* Le nymphomane et le satyrisiaque *sont victimes d'un désordre physique ;* l'érotomaniaque est le jouet de son imagination. »

Cette distinction est à mon avis pleinement justifiée.

Mais elle est insuffisante et doit être complétée par l'histoire de la dépravation sexuelle qui conduit souvent les malades

(1) Esquirol, *Des maladies mentales*, Paris 1838

à ces excès immondes que les tribunaux sont appelés à réprimer.

On peut donc, je crois, formuler au point de vue didactique la classification suivante :

Folie érotique.
- 1° Érotomanie ou folie de l'amour chaste.
- 2° Excitation sexuelle.
  - 1. Forme hallucinatoire.
  - 2. — aphrodisiaque.
  - 3. — obscène.
  - 4. Nymphomanie.
  - 5. Satyriasis.
- 2° Perversion sexuelle.
  - 1. Sanguinaires.
  - 2. Nécrophiles.
  - 3. Pédérastes.
  - 4. Intervertis.

C'est donc dans cet ordre que nous allons étudier successivement les différentes questions qui se rattachent à la folie érotique.

I

L'ÉROTOMANIE

ou

LA FOLIE DE L'AMOUR CHASTE

I

L'ÉROTOMANIE
ou
LA FOLIE DE L'AMOUR CHASTE

C'est à l'érotomanie simple que je veux consacrer cette première étude, et pour rester fidèle aux habitudes cliniques de notre enseignement, c'est par l'histoire détaillée de deux malades que les hasards de la clinique ont mis à notre portée, que je veux commencer.

Notre premier malade (1) est un jeune

(1) Ball., *De l'Erotomanie* (*Encéphale*, 1883. T. III, p, 129).

homme de trente-quatre ans, et si je dis un jeune homme, c'est parce qu'il a l'air plus jeune que ne le comporterait son âge. De petite taille et vigoureusement constitué, il a conservé sur sa physionomie les attributs de la jeunesse et on ne lui donnerait certainement pas l'âge indiqué par son extrait de naissance.

Fils d'un professeur de dessin, il a reçu une éducation assez complète; il est bachelier, et jusqu'à l'époque de son entrée à Sainte-Anne, il exerçait les fonctions de professeur de latin dans une institution de jeunes gens. Comme vous le voyez, il tenait un rang fort honorable dans la société et cependant il est profondément aliéné depuis de longues années. Il n'est pas inutile de rappeler en quelques mots sa biographie.

Il a eu des convulsions dans l'enfance.

Son intelligence, assez précoce d'ailleurs, a suivi une courbe assez irrégulière : elle était tantôt ouverte, tantôt fermée.

Le caractère est faible, sans ressort, aisément influencé.

Dès l'âge de six ans, nous voyons poindre des prédispositions à son état actuel ; il avait, dit-il, quelques idées lubriques, mais au milieu d'une ignorance absolument complète, il n'a pas tardé à contracter des habitudes de masturbation accouplées à des conceptions fort singulières, dont nous parlerons tout à l'heure.

A vingt ans, il est soumis à la conscription et incorporé dans l'infanterie de marine ; on l'envoie à Brest, il y prend assez rapidement des habitudes d'ivrognerie ; mais sous les autres rapports, il se conduit en bon militaire, sauf quelques petites infractions au règlement. Devenu caporal, il a été cassé de son grade par suite de libations exagérées.

Mais, en 1870, il a rempli très honorablement son devoir de soldat ; présent avec l'infanterie de marine aux batailles de Mouzon, de Bazeilles et de Sedan, où ce corps sur dix mille hommes en a laissé quatre mille sur le terrain, il s'est très vaillamment comporté. Fait prisonnier avec toute l'armée à Sedan, il s'est évadé, au moment d'entrer en Prusse, au risque de sa vie, par un prodige de courage et d'adresse ; rentré dans ses foyers, il s'y est reposé quinze jours, puis il est reparti pour l'armée, afin, disait-il, de venger ses frères.

Après la fin de la lutte, il est envoyé à la Guadeloupe ; il y reste dix-huit mois, il y contracte les fièvres paludéennes et rentre fort malade en Europe. Une fois rétabli

et libéré du service, il entre comme professeur de latin dans une institution privée.

Vous le voyez, sauf la tache de l'ivrognerie, l'existence de ce jeune homme a été
non seulement honorable, mais héroïque.
Et, cependant, pendant tout cet espace de
temps, pendant qu'il servait si vaillamment sous les drapeaux, il était absolument fou.

Il s'agit d'une vraie monomanie ; car si
jamais on peut prononcer ce mot, c'est
bien certainement dans le cas présent.

D'abord notre homme affirme qu'il est
resté vierge de tout contact féminin ; asser-
tion étrange pour un ancien soldat d'infanterie de marine qui se grisait volontiers
avec ses camarades. Et cependant nous
croyons absolument qu'il dit la vérité, car
son récit est parfaitement en rapport avec
ses idées.

Cet homme *vierge* a été assujetti pendant toute sa vie à des préoccupations obscènes. Constamment préoccupé de l'idée de la femme, il ne voyait absolument dans son idéal que les yeux. C'est là qu'il trouvait l'expression de toutes les qualités qui doivent caractériser la femme ; mais enfin ce n'était point assez ; et comme il fallait absolument en venir à des idées d'un ordre plus matériel, il avait cherché à s'éloigner le moins possible des yeux qui constituaient son centre d'attraction ; et dans son inexpérience absolue il avait placé les organes sexuels dans les fosses nasales. Sous l'empire de ses préoccupations. il avait tracé des dessins étranges. Les profils qu'il esquissait, et dont il nous a montré quelques exemplaires, reproduisaient assez exactement le type grec, sauf en un seul point qui les rendait irrésistiblement comiques. Mais comme il n'avait mis personne dans la confidence, il a pu mener une vie régulière et tranquille jusque vers la fin de l'année 1880.

Il était, nous l'avons déjà dit, professeur dans une institution privée ; et on l'avait chargé de conduire les élèves en omnibus à la pension.

Dans une de ses promenades il rencontre son idéal en la personne d'une jeune fille habitant le quartier, il aperçoit une forêt de cheveux au-dessous desquels se dessinent des yeux immenses.

A partir de ce moment son destin est fixé, il est décidé dans son esprit qu'il épousera la *belle* inconnue ; il s'assure de son domicile et sans plus d'ambages il monte chez elle et se fait annoncer. Il est reçu par la mère à laquelle il demande catégoriquement la main de sa fille. On le jette à la porte, ce qui ne modifie nullement ses sentiments ; il se représente une seconde et une troisième fois ; il finit par être arrêté et conduit à la préfecture.

Arrivé à la clinique de Sainte-Anne, il se présente à nous dans un état de délire complet ; il parle avec onction de ses amours ; il insiste sur la pureté de ses sentiments et veut être examiné publiquement à la clinique, devant tous les élèves, en état de nudité, pour prouver qu'il a conservé sa virginité.

Sous tous les autres rapports son intelligence paraît régulière. Il parle avec bon sens et modestie de sa vie passée, sans tirer vanité de ses belles parties ; il reconnaît ses défauts et convient qu'il a eu tort de s'abandonner à ses penchants alcooliques.

Il ne se fait aucune illusion sur sa position sociale et nous déclare avec la plus parfaite bonhomie qu'il gagne cinquante francs par mois dans l'institution à laquelle il est attaché. Il n'en persiste pas moins dans ses projets, et paraît incapable de saisir la contradiction entre les intentions qu'il annonce et les moyens dont il dispose pour les réaliser.

Les sentiments moraux n'ont subi aucune atteinte. Il parle avec le plus grand respect de son père, et avec une vive affection de ses autres parents ; il ne présente aucune trace de la malveillance habituelle aux aliénés ; il n'accuse personne, il ne se connaît point d'ennemis ; il ne manifeste aucune animosité contre sa bien-aimée ; il est convaincu que s'il est enfermé à Sainte-Anne, c'est pour y passer un temps d'épreuve, et se rendre plus digne d'elle. C'est ainsi que dans les romans de chevalerie, le héros subit les plus dures humiliations pour conquérir sa dame.

Non seulement il est calme et bienveillant, mais encore il est parfaitement serviable, et c'est avec une entière bonne volonté qu'il se prête à l'instruction des jeunes enfants que nous avons à la clinique et qui sous sa direction ont accompli quelques progrès. La santé physique est assez bonne, il mange et dort bien et ne souffre nulle part.

Il est important de remarquer que ce malade a conservé une force musculaire très considérable, qui le rend dangereux pendant les accès d'agitation qu'il présente quelquefois.

Le second malade (1) est un homme de

(1) Ball, *La Folie érotique* (*Encéphale*, 1887. T. VII, p. 188)

39 ans bien constitué physiquement et ne présentant aucune de ces tares qu'on a l'habitude de rencontrer chez les aliénés héréditaires ; et cependant une hérédité des plus déplorables pèse sur lui depuis le commencement de son existence ; son père était un halluciné persécuté ; il était généralement connu dans le pays sous le nom de *fou*. Cet homme, mort à un âge très avancé, a eu dix-neuf enfants, dont notre malade est le treizième. Comme je l'ai fait remarquer bien souvent dans mes leçons, la longévité et la fécondité excessive chez les ascendants sont des prédispositions à l'aliénation mentale.

La mère est morte à l'âge de 95 ans ; elle était épileptique. Notre malade a subi de bonne heure la double fatalité héréditaire qui pesait sur lui. Persécuté, il l'est par son père ; épileptique, il l'est par sa mère ; cependant il a pu conserver une vive et puissante intelligence.

Cet homme a reçu une éducation supérieure. Destiné à devenir prêtre, il est entré au séminaire où il a fait de très bonnes études classiques, et s'il n'est point bachelier, c'est que ses supérieurs ne désiraient point qu'il acquît ce grade. Manquant de convictions religieuses, il quitta le séminaire pour entrer dans l'enseignement, dans l'enseignement libre, le seul qui lui fût ouvert puisqu'il n'avait aucun grade académique. Cependant, dès les premiers temps de sa vie, il avait éprouvé des phénomènes singuliers, qui ne peuvent être caractérisés que par un seul mot : ce sont des vertiges épileptiques. Ces accidents ont augmenté de plus en plus et l'ont poursuivi dans tout le cours de son existence.

Après avoir cherché à se faire une position dans l'enseignement, il l'avait quitté pour entrer dans le commerce, où il était très apprécié à cause de ses qualités de comptable ; mais, à chaque instant, des incartades venaient compromettre son avenir ; des actes étranges, insensés, venaient traverser une vie d'ailleurs très régulière. C'est ainsi qu'un jour jouant au billard il s'était oublié jusqu'au point d'uriner dans le paletot d'un de ses deux collègues. Interpellé pour ce fait, il nia avec la plus grande énergie, mais les preuves de sa culpabilité, étaient trop évidentes, et il fut congédié. Bientôt après il tomba dans la misère.

Malgré toutes ces vicissitudes, il ne paraît pas avoir jamais eu d'impulsion criminelle. Mais, au milieu de ces circonstances, un nouveau trouble se dessinait chez lui, il y a sept ans. C'est alors qu'il a commencé à éprouver des hallucinations de l'ouïe ; il entendait des injures grossières, et par degrés, il est entré dans la sphère du délire des persécutions. D'abord ses soupçons se sont portés d'une manière vague sur le monde tout entier ; puis il a fini par être interné dans divers asiles et en particulier à l'asile de Saint-Dizier ; là il a fait choix de son persécuteur dans l'honorable directeur de cet asile. Nous avons donc affaire à une épileptique, à un halluciné et à un persécuté, trois conditions qui concourent à en faire un aliéné très dangereux.

Nous relevons chez ce malade d'autres étrangetés ; d'abord notre homme est un somnambule ; certains faits qui se sont passés dans sa vie ne peuvent laisser aucun doute sur ce sujet. A diverses reprises, cet homme chargé d'un grand travail de comptabilité, s'est levé un beau matin et a trouvé son travail tout fait, comme par enchantement. Les hommes qui éprouvent de ces agréables surprises sont toujours des somnambules. Notre épileptique, notre halluciné, notre persécuté est donc aussi somnambule ; il est en même temps un impulsif. Il est atteint de cette forme de délire décrite en Amérique sous le nom de *topophobie* : il y a des endroits où il n'ose pas passer de peur de voir les maisons s'écrouler sur lui. Il est aussi atteint d'*onomatomanie*, cette curieuse défaillance intellectuelle dans laquelle les malades s'acharnent à la poursuite de noms qu'ils ne peuvent retrouver. Enfin, dans diverses circonstances, il éprouve le besoin de réciter de longues tirades classiques qui lui sont restées dans la mémoire.

Voilà donc un homme dont la vie a ap-

partenu dès son début à l'aliénation mentale ; et cependant, jusqu'à l'époque de
son premier internement, il avait rempli
de la façon la plus satisfaisante tous ses
devoirs de citoyen. Il a pris une part ac-
tive à la campagne de 1870, il a été blessé
à Sedan et, à la fin de la guerre, il avait
été proposé pour le grade de sous-lieute-
nant.

Une circonstance toute particulière a
modifié le cours de ses idées. Il se rendait un jour à ses occupations habituelles,
lorsqu'il rencontra dans la rue une jeune
fille qui croisa le regard avec lui et dispa-
rut. Il reçut aussitôt ce que Stendhal appelle le *coup de foudre* et, à partir de ce
moment, il se prit d'un amour idéal pour
cette jeune personne ; elle ne doit même
pas savoir qu'elle est aimée ; lorsqu'on
cherche à émettre des doutes sur le carac-

tère platonique de cette passion, il éprouve une émotion qui va facilement jusqu'aux larmes. Le mariage répugne à ses pensées, il veut rester fidèle à l'objet de son amour. Cependant, l'impression que cette jeune fille a faite sur ses sens est tellement fugitive, qu'il ne peut pas se rappeler si elle est blonde ou si elle est brune.

Nous pouvons, je crois, considérer les deux cas qui viennent d'être rapportés, comme deux exemples classiques d'*érotomanie* : par ce mot, créé par Esquirol, on entend une affection mentale d'origine essentiellement cérébrale et dans laquelle les idées amoureuses exercent une influence prépondérante et se portent tantôt sur un être imaginaire, tantôt sur un objet réel, tantôt sur plusieurs individus à la fois.

La folie chaste, véritable type de l'éro-

tomanie, ne paraît inspirer que des sentiments purs, des pensées élevées, un culte
exalté pour celui qui en est l'objet ; elle
frappe en général les sujets déjà faibles
d'esprit, soit par vice héréditaire, soit par
un état congénital.

Notre premier malade, qui paraît sorti
d'une lignée saine du côté paternel, est né
d'une mère impressionnable et nerveuse,
qui a donné des signes manifestes d'un état
névropathique ; dans sa première enfance
il a eu des convulsions, èt c'est là un fait
souvent noté chez les sujets prédisposés à
ce genre de vésanie.

Notre second sujet est le treizième fils
d'une très nombreuse famille dont le père,
qui était un halluciné persécuté, est mort
dans un âge fort avancé.

La plupart des auteurs qui ont traité ce
sujet disent que les fous érotomanes sont

des faibles d'esprit, d'une intelligence incomplète, irrégulière.

C'est là, je crois, une exagération; j'ai souvent eu l'occasion d'observer des érotomanes dont l'intelligence était très distinguée. Quoi qu'il en soit, le jeune sujet chez lequel doit se développer cette folie de l'amour est ordinairement d'un tempérament assez réservé; il se fait remarquer de bonne heure par un état singulier, par des allures étranges en société, surtout quand ils se trouvent en présence de personnes du sexe opposé.

Les choses en restent habituellement là jusqu'à l'âge de la puberté. A cette époque, il se produit un roman caressé dans les profondeurs de l'intelligence. Les dispositions morbides se développent et s'exagèrent, mais, dans la plupart des cas, les érotomanes sont d'une chastété absolue.

Ils ont souvent, au point de vue génital, des conceptions absolument délirantes qui trouvent leur soulagement dans les
abus solitaires. En général ils restent vier-
ges de tout rapport sexuel et l'on peut
dire que le mot *érotomanie* est synonyme
de *masturbation*.

Au milieu de cette agitation confuse qui
marque souvent la première période de
l'adolescence, il se produit un travail de
l'esprit qui aboutit à la fabrication d'un
roman amoureux où l'imagination, les
souvenirs, les lectures viennent apporter
leur part.

Souvent, comme prétexte à cette fiction,
une personne du sexe opposé paraît un instant sur la scène. Elle devient le point
central du drame tout entier.

Presque toujours elle est plus âgée que
le sujet, qui souvent ne l'a entrevue qu'un

ınstant dans des circonstances absolument insignifiantes.

Une jeune fille en traversant la rue rencontre un homme qui la regarde et passe son chemin. Il n'en faut pas davantage pour la convaincre qu'il est éperdument amoureux d'elle. Sans connaître son nom, sans savoir quelle est son origine, elle en fait désormais le pivot de son existence et toutes ses pensées se rapportent à lui. Tel sera le point de départ de son délire.

Au milieu de ces rêves il se développe un état nerveux accompagné d'insomnies ou d'un sommeil pénible et tourmenté. Sans cesse inquiet, agité, poursuivi par ses idées, le malade devient incapable de tout travail sérieux et souvent il verse dans l'hypochondrie.

C'est sur ce terrain, depuis longtemps préparé, que le délire éclate enfin.

Un jour le malade rencontre son idéal et dès lors la cristallisation s'accomplit : fait curieux, il s'adresse toujours à une personne d'un rang plus élevé que le sien. Ce sont des grandes dames, des princesses, des reines, qui reçoivent des hommages extraordinaires. Elles ont eu des milliers d'amoureux, tantôt discrets, tantôt entreprenants jusqu'au délire.

Tout le monde connaît l'histoire de ce malheureux page de Marie Stuart, que l'on trouva deux fois dans la chambre à coucher de la reine, caché sous son lit. La seconde fois, il paya de sa vie son admiration imprudente. En montant sur l'échafaud, il ne dit que ces mots : « *O cruelle dame !* » ‶

Si les reines ont eu des adorateurs, il est une reine placée au-dessus de toutes les autres et qui a eu aussi plus d'adorateurs que toutes les autres : c'est la sainte Vierge, la reine des anges et l'impératrice des cieux.

Pour qui connaît la filiation des idées dans les esprits malades, il n'est pas douteux que ce culte éthéré que bien des prêtres ont voué à la Sainte Vierge, que cette adoration qui brille dans tant d'ouvrages des théologiens les plus sérieux, sont les effets d'une érotomanie qui s'ignore elle-même ; c'est l'amour de la femme, qui parle sous les apparences de la piété, dans le culte ardent de tous ces vertueux célibataires. Leur chasteté devait les prédisposer à cette aberration.

Quelle est l'attitude du sujet vis-à-vis de l'objet de sa passion ?

A ce point de vue, on peut rencontrer des amoureux discrets qui n'aborderont jamais l'objet aimé.

Quelquefois l'amoureux timide se contente de manifester discrètement de sa flamme. Un grand nombre d'érotomanes vont jusqu'à solliciter certaines faveurs et comme la condition de la femme aimée est presque toujours supérieure à celle de l'adorateur, il en résulte souvent de cruelles déceptions.

Le sujet de notre première observation en est un exemple. Ayant demandé la main de la jeune fille dont il était épris, il fut éconduit, mais sans jamais cesser ses obsessions jusqu'au jour où la famille se décida à porter plainte et à le faire interner.

Les érotomanes de ce genre peuvent être incommodes ; ils peuvent même parfois devenir dangereux, comme le montre l'affaire Teulat, dans laquelle Lasègue figure comme accusé. ·

Un jeune homme était entré comme précepteur chez le duc de Broglie ; il devint amoureux de la princesse de Broglie, sa belle-fille, et donna assez de preuves de son amour et de ses désirs pour être bientôt congédié. Il continua néanmoins ses poursuites ; il se tenait constamment sur le chemin de la princesse et finit par jeter des pierres dans les fenêtres pour attirer son attention. Il fut arrêté, conduit au dépôt et soumis à l'examen de Lasègue qui le fit interner.

Plus tard, sorti de l'asile, il accusa Lasègue de séquestration arbitraire et fut très habilement défendu par Dupont (de Nemours). Lasègue se défendit lui-même et il eut quelque peine à faire comprendre aux juges la nuance qui distingue le délire érotique du délire des amants.

A ce moment nous passons le Rubicon, nous traversons la frontière qui sépare la raison de la folie et nous entrons directement dans l'aliénation -mentale. L'objet aimé devient victime d'une persécution toute spéciale ; ses regards, ses gestes, ses paroles sont des preuves de l'amour qu'il porte au malade et les moindres indices sont avidement saisis.

On ramasse un fragment de journal dans la rue, on le parcourt et on y découvre des preuves manifestes.

Dans une colonne d'annonces, on trouve l'indication suivante : *Marianne à Joseph;* il est évident que sous un pseudonyme la personne aimée a voulu entrer en communication avec son adorateur.

Bientôt un nouveau phénomène vient aggraver et confirmer la folie. Les hallucinations se mettent de la partie, fait important en aliénation mentale. Les plus communes sont celles de l'ouïe : le malade entend la voix de l'objet aimé, qui tantôt lui adresse des paroles entrecoupées, et tantôt lui tient de longs discours. Elles surviennent très souvent chez les érotomanes, chez les sujets dont le délire se dégage de tout alliage; ces hallucinations peuvent donner au processus pathologique une tournure tout à fait imprévue.

L'une des malades que j'ai observées, une vieille demoiselle, qui est restée longtemps à la clinique, parvenue à un âge qui paraîtrait devoir exclure les préoccupations de cet ordre, voit un jour dans la rue un homme qui passe et la regarde: « S'il m'a regardée, dit-elle, c'est qu'il m'aime. » A partir de ce moment, loin de persécuter son amant imaginaire, elle se croit persécutée par lui : il lui parle constamment: elle s'imagine qu'on a placé dans sa chambre à coucher des téléphones à l'aide desquels il soutient avec elle de longues conversations qui se rapportent à l'objet de ses désirs, il invente des moyens machiavéliques pour s'emparer d'elle. Elle est prise de terreur, elle divague, elle délire et c'est ainsi qu'elle est amenée à Sainte-Anne ; à l'asile même, les obsessions de cet ordre continuent à se produire avec des hallucinations incessantes.

Il va sans dire que ces hallucinations portent souvent les malades à des actes absolument répréhensibles et peuvent les rendre très dangereux.

Les hallucinations de la vue sont beaucoup moins fréquentes ; celles du sens génital sont beaucoup plus communes, surtout chez la femme, qui, comme on le sait, est particulièrement sujette à ce genre d'aberrations sensorielles.

Aux conceptions délirantes que nous venons d'énumérer se joignent souvent des idées ambitieuses, surtout quand le rang de la personne aimée le comporte. La liaison rêvée par le malade deviendra l'origine de sa fortune, le point de départ d'un succès inespéré, la base de sa position sociale.

Ici le délire commence à se transformer, et l'on voit poindre presque toujours quelques idées vagues de persécution. Il semble alors que ce délire particulier ait pris la marche inverse de celle qu'il suit habituellement ; parti de l'ambition il aboutit à la lypémanie des persécutés.

Mais avant cette période, le malade s'est déjà compromis ; il adresse à l'objet de sa passion des lettres brûlantes, il épanche son délire dans des écrits insensés et passe très souvent de la parole à l'action. Notre premier malade, avec la décision d'un vieux soldat, est allé droit au but, il s'est présenté

hardiment chez les parents de la jeune fille
pour demander sa main ; mais en général
il n'en est pas ainsi. Le plus souvent le
sujet poursuit de ses obsessions discrètes
ou impertinentes la personne qui occupe
sa pensée, il se trouve perpétuellement sur
son chemin, il la suit à la promenade, il
monte la garde sous ses fenêtres.

Une dame occupant un rang très élevé a
été pendant longtemps tourmentée par les
poursuites d'un jeune avocat qui, sans rien
dire, la suivait partout ; il l'accompagnait
à distance respectueuse pendant ses sorties
et lorsqu'elle rentrait chez elle, il se trouvait auprès de la porte. Plus d'une fois
elle est brusquement partie pour une des-
tination éloignée afin de se débarrasser de
cette obsession incessante, mais on l'avait
suivie et à peine avait-elle débarqué qu'elle
se trouvait en présence de son persécuteur.

Les attentions de l'érotomane ne sont pas toujours aussi discrètes, elles prennent souvent une forme plus agressive. Tantôt il jette des pierres dans les fenêtres pour annoncer sa présence, tantôt il adresse directement la parole à la personne qu'il poursuit, tantôt enfin il se porte à des agressions plus directes ; enfin, devenu complètement insupportable et ridicule, il se fait arrêter et c'est ainsi que nous le voyons arriver dans nos asiles.

Mais après la séquestration le délire continue : le sujet poursuit toujours le cours de ses idées ; il n'abandonne point sa passion, et c'est surtout alors que l'on voit se developper les complications dont je viens de signaler l'existence.

Très souvent la folie érotique s'associe au délire religieux : les grands mystiques d'autrefois nous en ont offert des exemples et nous rencontrons souvent dans nos asiles des cas absolument analogues. Il en est surtout ainsi chez les femmes, qui sont plus sujettes que les hommes à ce genre de folie ; seulement chez elles la forme du délire est alors plus discrète et plus concentrée.

Les conditions dans lesquelles se présente l'érotomanie ne sont point de celles qui sont capables de rétrocéder. Les sujets de cette espèce sont absolument incurables : un maniaque en pleine agitation, un mélancolique en pleine dépression peuvent guérir ; au contraire, pour ces malades dont l'édifice intellectuel n'est ébranlé que par un seul côté, le pronostic est très grave. Cette maladie ne guérit jamais, bien qu'elle puisse offrir des rémissions ; mais comme la folie religieuse à laquelle tant d'analogies la rattachent, la folie érotique, après une longue série d'oscillations, aboutit presque invariablement à la démence. Tel sera, je le crains, le sort de notre *Fou par amour* et de notre second malade ; ils ont déjà parcouru quelques étapes sur ce chemin.

Brusquement surpris par la nouvelle de la mort de son père qu'il affectionnait très vivement, notre premier sujet est tombé dans un état d'agitation, qui nous a forcés de le mettre en cellule ; bientôt après il est tombé dans un état de demi-stupeur.

Il en est sorti cependant à son avantage et s'est montré pendant un court espace de temps parfaitement lucide ; il semblait avoir abandonné pour toujours ses projets insensés et ne demandait qu'à sortir de Sainte-Anne pour reprendre ses occupations professionnelles.

Mais cet éclair de raison n'a pas été de

longue durée, et nous le voyons aujour-
d'hui dans un état plus fâcheux que jamais.

Nous sommes donc forcés, à notre grand
regret, de formuler ici un pronostic des
plus graves et nous avons tout lieu de crain-
dre que cette révolution aboutira comme
dernier terme à la démence, dont quelques
symptômes semblent déjà se montrer. Ce
pronostic s'est malheureusement réalisé
plus tard.

A côté de ces formes absolument pures,
absolument chastes de la folie amoureuse,
il est d'autres aberrations plus graves
dont je vous parlerai prochainement ; mais
d'abord je veux vous soumettre quelques
considérations préliminaires.

Il est une heure solennelle, qui sonne
presque toujours dans la vie d'un aliéniste
arrivé à une certaine notoriété, c'est celle

où il est appelé à déposer comme expert
devant la justice et à décider de la liberté
et de l'honneur de ses concitoyens. Le médecin dans cette circonstance exerce une véritable magistrature. Lorsqu'on est en présence de sujets comme les nôtres, chez
lesquels la folie débute avec la naissance,
lorsqu'on est en présence d'un épileptique,
d'un halluciné, d'un persécuté, le problème
n'est pas très difficile ; mais il n'est pas
toujours aussi commode de se faire une
conviction, et surtout il n'est pas toujours
aisé de faire partager cette conviction au
public et aux juges ; c'est surtout alors
qu'on entend dire que les aliénistes voient
partout des fous. Je ne suis pas sus-
pect d'exagération sous ce rapport, et
récemment j'ai exposé devant l'Académie de médecine les limites qu'il conve-
nait de tracer à la responsabilité des alié-

nés atteints de ces délires partiels (1).

Il est souvent plus difficile de connaître son devoir que de l'accomplir. Comment distinguer la folie érotique du délire des amoureux ? Il faut s'entourer de toutes les circonstances qui ont marqué la vie de l'individu, il faut ensuite apprécier les conditions de l'acte en lui-même ; et quand vous verrez un homme poursuivre depuis longtemps un rêve insensé, par des moyens absurdes, vous pourrez, par la forme même de ces manifestions, déclarer qu'il s'agit d'un érotomane et non d'un simple amoureux.

———

(1) Ball, *Responsabilité partielle des aliénés.* (*Bulletin de l'Académie de Médecine*, 7 sept. 1886 et *L'Encéphale.* Sept. 1886.)

II

L'EXCITATION SEXUELLE

II

L'EXCITATION SEXUELLE

Dans la conférence précédente, je vous ai tracé le tableau de l'amour chaste, où les plus grandes extravagances demeurent enfermées dans les limites du sentiment et ne sont jamais profanées par l'intervention des sens ; je vous ai montré des exemples de ce délire poussé jusqu'aux dernières limites de l'insanité, sans qu'il s'y

mêlât jamais une idée étrangère au domaine de l'amour platonique.

Il me reste maintenant à vous parler
d'un état bien différent, dans lequel l'élément physique vient usurper la prédominance et se placer sur le devant de la scène.

Mais, avant d'aller plus loin, une distinction est nécessaire.

Nous ne sommes point des moralistes
ni des philosophes, mais des aliénistes et
des médecins ; nous n'avons pas à vous
montrer le tableau du vice, mais celui de
la folie. Il s'agit pour nous d'étudier des
faits dans lesquels l'élément morbide joue
un rôle prépondérant et où le sujet peut
être considéré comme un véritable aliéné,
c'est-à-dire comme un malade dont la liberté est compromise et dont la responsabilité par conséquent est tout au moins at-
ténuée.

Ces données une fois établies, nous entrons en matière.

Je vous rappeile la classification que
nous avons formulée dans la leçon précédente. (1) En dehors de la folie de l'amour
chaste (*érotomanie*), nous avons l'*excitation sexuelle*, que nous distinguons de la
perversion sexuelle, dont nous ferons le
sujet de la conférence prochaine.

Dans l'excitation sexuelle, nous avons
admis trois formes. Ce sont :

La forme *hallucinatoire* ;

La forme *aphrodisiaque* ;

La forme *obscène*.

(1) Voyez p. 9.

I

FORME HALLUCINATOIRE

Le jeune homme dont nous allons nous occuper aujourd'hui, présente un délire très complexe, sur lequel des hallucinations sexuelles se détachent en relief. C'est un garçon de vingt et un ans, d'un beau développement physique et d'un extérieur agréable.

Ses antécédents héréditaires nous sont

absolument inconnus, mais nous savons
que se destinant à la prêtrise, il a été élevé
au séminaire, où il a reçu une éducation
très supérieure. Il est bachelier ès lettres
et ès sciences. Entré au grand séminaire,
il y a préparé simultanément la licence ès
lettres et le doctorat en théologie. Il s'y est
probablement livré à des excès de travail
cérébral, qui ont produit les plus déplorables effets; c'est une victime du surme-
nage que je vous présente.

Il nous est impossible de préciser la date
à laquelle ont débuté les désordres intellectuels. Nous n'avons pas assisté en effet
à l'aurore de sa maladie. Mais nous le
voyons déjà entré dans l'aliénation mentale, à une époque bien nettement déterminée.

Le cardinal Guibert venait de mourir.
Notre malade se présente à l'archevêché

pour recueillir la succession du défunt;
il déclare que le Pape lui a formellement
promis le chapeau de cardinal et le siège
archiépiscopal de Paris, après la mort de
Monseigneur Guibert. Quant à Monseigneur Richard, ce n'est qu'un usurpateur.

Je n'ai pas besoin de vous dire que,
transféré immédiatement au Dépôt, il est
entré, peu de jours après, à la Clinique
des Maladies mentales.

Les manifestations délirantes varient
considérablement chez ce sujet.

En premier lieu, il est ambitieux; il se
promet le chapeau de cardinal, il se croit
appelé aux plus grands honneurs, il se
croit destiné à recueillir l'admiration des
générations futures.

En second lieu, il est persécuté; il a des
ennemis qui, non contents de lui barrer
le chemin, lui font subir des outrages in-

dignes. Il semble donc que chez lui les idées ambitieuses, contrairement à la règle habituelle, aient précédé le délire des persécutions.

Mais ce n'est pas tout. Notre malade est, en troisième lieu, un hypocondriaque des plus convaincus.

Il se lamente sur les déformations de son corps, dont la beauté le rendait si fier. Il se plaint que son front s'abaisse, que le charmant ovale de sa figure s'efface, que ses mâchoires remontent. Il a un ramollissement des os du crâne, et même une perforation dont on profite, comme de tous les orifices de son corps, pour le profaner par d'indignes souillures.

Nous vous présentons ici quelques extraits de sa correspondance, qui suffiront pour caractériser l'état de son esprit.

« Monsieur,

» Une chose en apparence insigni-
fiante, mais qui cependant me désole,
c'est le changement affreux qu'on fait subir à ma personne. Je veux qu'on me con-
serve le front comme par le passé. J'aime
mieux savoir mon crâne rempli d'eau,
que mon front baissé et mon crâne
amoindri.

« Pourquoi me rend-on le nez si gros à
moi qui l'avais si fin ? Pourquoi ne pas me
restituer l'ovale si beau et si gracieux de
mon visage ? Pourquoi me rend-on le
crâne si mou, de sorte que les insanités
qu'on me met dans la tête sortent par le
cuir chevelu ? »

Ces divagations nous montrent bien que
l'hypocondrie règne en maîtresse chez lui.

Mais ce qu'il nous importe surtout de signaler, ce sont les hallucinations sexuelles qui donnent à son délire une orientation toute spéciale, et le font entrer dans la classe des folies érotiques.

A chaque instant, il se croit victime de tentatives de pédérastie. Il emploie à cet égard les expressions les plus singulières et les plus marquées.

« Je suis, dit-il, la proie des bêtes brutes, compliquées de l'esprit de Pourceaugnacs. »

Il faut entendre par là, qu'il éprouve des sensations spéciales localisées à la marge de l'anus. Il prétend que ses ennemis ont poussé l'outrage jusqu'à le faire changer de sexe. Ses persécuteurs ont réussi à le rendre femme.

« Je suis, écrit-il, la prostituée de tous les fous de Sainte-Anne, dont pas un seul n'est noble ! » (Il se trompe à cet égard.)

Il ajoute :

« Le moyen d'avoir de l'appétit quand j'arrive à table, le nez, la bouche, les intestins, gorgés de sperme ! »

Il croit aussi que la perforation crânienne dont il se plaint est utilisée par ses persécuteurs, pour lui projeter du sperme dans le cerveau. Il lutte de toutes ses forces mais inutilement contre ces profanations, qui le rendent le plus malheureux des hommes.

Notre malade est donc un aliéné des plus complexes, mais il appartient surtout à la folie érotique à forme hallucinatoire.

Rien n'est plus commun en pathologie mentale que les accidents de ce genre. On les rencontre dans un grand nombre de psychoses : dans la folie puerpérale, dans l'hystérie, dans l'alcoolisme, dans la manie aiguë ou chronique; presque tous les sujets atteints de folie religieuse en sont victimes; enfin, ce délire peut occuper à lui seul tout le terrain pathologique.

Dans le célèbre mémoire de M. Baillarger sur les hallucinations (1), nous trouvons l'observation extrêmement remarquable d'une jeune fille, habile ouvrière, femme intelligente, ayant une conduite parfaitement régulière, mais obsédée perpétuellement par des hallucinations de ce genre. Elle éprouvait toutes les sensations imaginables à cet égard, depuis les attouchements les plus légers jusqu'au rapprochement sexuel le plus complet. Il n'est pas sans intérêt de remarquer qu'au point de vue physique elle était absolu-

(1) Baillarger, *Des hallucinations, des causes qui les produisent, et des maladies qu'elles caractérisent.* Paris, 1846.

ment vierge. Cette jeune femme faisait de ses hallucinations le sujet presque unique de ses discours ; elle en parlait aux personnes de sa connaissance, avec un tel luxe de détails qu'elle finit par scandaliser toutes ses amies, et perdre toutes ses relations de société. Après plusieurs années de maladie elle paraît avoir été complètement guérie par le mariage.

Je viens de vous présenter cette fois un cas dans lequel les hallucinations sexuelles constituaient tout le délire. Mais ces troubles sont bien plus fréquents chez les malades dont l'esprit est dérangé sous d'autres rapports, comme le jeune homme qui fait le sujet de cette conférence.

Je vous en citerai deux exemples, que j'ai eu l'occasion d'observer moi-même.

Vers la fin du règne de Napoléon III, un persécuté, séquestré dans une maison de santé, s'imaginait que le gouvernement, pour le punir de ses opinions politiques, faisait entrer clandestinement dans l'établissement et jusque dans sa chambre des hommes destinés à lui faire subir les plus infâmes outrages. « Ils viennent perpétuellement me *césariser*, disait-il. »

Voici maintenant un type fort différent.

Un alcoolique que j'ai eu dans mon service, à l'hôpital Saint-Antoine, s'imaginait que des persécuteurs, qu'il appelait des *pompiers*, s'acharnaient à chaque instant sur ses organes sexuels ; il se plaignait qu'on venait perpétuellement lui pomper la sève et tarir chez lui les sources de la vie. Ces hallucinations le rendaient extrêmement dangereux, car, dès qu'il les éprouvait, il se précipitait sur le premier venu, le prenant pour un *pompier*. Un jour il s'est élancé presque nu dans la cour de l'hôpital, à la poursuite d'une religieuse, qui eut toutes les peines du monde à lui échapper.

La forme de délire dont je viens de vous parler, peut quelquefois se produire sous forme épidémique (1). On l'a vu sévir dans toutes les réunions nombreuses de femmes et surtout dans les couvents. On connaît l'histoire des religieuses de Cologne, qui recevaient presque toutes les nuits la visite de Satan. Leurs doléances créèrent un grand émoi dans la ville ; mais il se trouva des sceptiques, comme Jean de Wier, pour prétendre que certains jeunes gens de la ville escaladaient les murs du couvent pour usurper le rôle du diable.

(1) Voyez Calmeil, *De la Folie considérée sous le point de vue pathologique, philosophique, historique*. Paris, 1845.

Les choses allèrent bien plus loin dans les célèbres épidémies des religieuses d'Aix-en-Provence et des Ursulines de Loudun, qui aboutirent comme vous le savez à des procès en sorcellerie qui se terminèrent par le supplice de plusieurs prétendus sorciers. Les accusations partaient de certaines religieuses évidemment hystériques, qui prétendaient avoir eu des relations intimes avec les malheureux qu'elles dénonçaient.

Il est extrêmement important de se rappeler que même à notre époque sceptique, où les sorciers ne peuvent plus aspirer à la couronne du martyre, les accusations de ce genre sont extrêmement graves et peuvent donner lieu aux suites les plus déplorables.

Une hallucinée de bonne foi accuse son médecin, ses amis, ses domestiques, d'a-

voir commis sur elle des attentats criminels; elle parvient à se faire écouter, la
justice intervient et souvent il est difficile
à l'accusé de démontrer son innocence ;
mille circonstances les plus triviales en
apparence peuvent donner une couleur
de vraisemblance à l'accusation et moti-
ver quelquefois une condamnation qui
sera la ruine définitive d'un honnête
homme.

En pratique, il ne faut jamais visiter de
telles malades *qu'en présence de témoins.*

II

FORME APHRODISIAQUE

Parlons maintenant de la forme aphrodisiaque de l'excitation sexuelle.

Il est des sujets chez lesquels il existe à
l'état normal une exagération des appétits
sexuels. Ce sont des libertins, des débau-
chés, des satyres ; ce ne sont point des
aliénés.

Il existe chez un grand nombre d'aliénés une surexcitation très marquée de l'instinct génésique. On rencontre ce phénomène au début de la paralysie générale; on le voit survenir très souvent dans la folie puerpérale ; il est trés fréquent chez les imbéciles.

Mais il est d'autres individus chez qui l'excitation sexuelle, poussée jusqu'aux limites de l'insanité, constitue à elle seule la maladie. Ils sont raisonnables et corrects à tous les autres égards ; mais leurs appétits sont de nature à compromettre leur position sociale et obligent leurs familles à les séquestrer.

Je ne saurais vous donner un exemple plus démonstratif que celui que Trélat a consigné dans son intéressant ouvrage sur la *Folie Lucide*, qui, s'il laisse à désirer sous le rapport des idées générales, renferme une précieuse collection de faits.

« Madame V... d'une stature ordinaire, mais de forte complexion, ayant une expression de physionomie très convenable, beaucoup de politesse dans le dialogue, une grande retenue dans le maintien, nous a été confiée le 17 janvier 1854.

Interrogée, elle répond parfaitement à toutes les questions qui lui sont faites, se met à l'ouvrage, et travaille, malgré ses soixante-neuf ans, avec autant d'activité que de perfection, toujours d'humeur avenante, toujours assidue, ne se dérangeant jamais que quand on lui dit qu'il faut se lever pour aller à table ou en récréation. Rien sur la figure ni dans ses actes n'ont jamais pu, pendant son séjour dans l'asile, nous faire soupçonner le moindre désordre. Pendant quatre ans,

pas une parole obscène, pas un geste, pas
le plus petit mouvement d'agitation, de
colère ou d'impatience. Elle est parfaite
tant qu'elle est enfermée, mais absolument incapable d'user de la liberté.

Toute sa vie, dès son jeune âge, elle a
recherché les hommes, et s'est abandonnée
à eux. Jeune fille, elle les provoquait, et
désolait et humiliait ses parents par son
avilissement. Du caractère le plus docile,
le plus aimable et le plus enjoué, rougis-
sant quand on lui adressait la parole,
baissant les yeux toutes les fois qu'elle
était en présence de plusieurs personnes,
aussitôt qu'elle était parvenue à se trouver
seule avec un homme jeune ou vieux,
même avec un enfant, elle était subite-
ment transformée, relevait ses jupes et
attaquait avec une énergie sauvage celui
qui devenait l'objet de ses amoureuses

fureurs. Dans ces moments, c'était une Messaline, et quelque instants auparavant on l'eût prise pour une vierge.

Elle trouva quelques fois de la résistance et reçut même de fortes corrections, mais il lui arriva plus souvent encore de rencontrer beaucoup de bonne volonté.

Malgré plus d'une aventure de ce triste genre, ses parents la marièrent dans l'espoir de mettre un terme à ses désordres. Le mariage ne fut pour elle qu'un scandale de plus.

Elle aimait son mari avec rage, mais elle aimait avec une rage égale tout homme avec lequel elle parvenait à être seule, et elle y mettait tant de persévérance et tant d'habileté, qu'elle déjouait toute surveillance et en venait souvent à ses fins. C'était un ouvrier occupé à travailler, un passant qu'elle interpellait dans la rue et qu'elle parvenait à faire monter chez elle sous un prétexte improvisé ; c'était un jeune homme, un apprenti, un domestique, *un enfant revenant de l'école !* Elle mettait tant d'innocence extérieure en leur adressant la parole que chacun la suivait sans défiance.

Plus d'une fois elle fut battue ou volée, ce qui ne l'empêchait pas de recommencer.

Devenue grand'mère, elle continuait le même genre de vie.

Un jour elle introduisit chez elle un petit garçon de douze ans, lui disant que sa mère allait y venir. Elle lui donna des bonbons, l'embrassa, le caressa, puis, comme elle voulut le déshabiller et lui faire des attouchements obcènes, l'honnête enfant se mit en révolte, la frappa, et alla tout raconter à son frère, jeune homme de vingt-quatre ans, qui monta dans la maison désignée par le plaignant et battit à outrance cette vilaine femme, en lui disant :

« En pareilles aventures, on fait ses
» affaires soi-même pour ne point lais-
» ser son nom en si mauvaise compagnie.
» J'espère qu'après cette correction, vous
» ne recommencerez pas avec d'autres. »

Pendant cette scène, le gendre survint, devina tout avant qu'on eut le temps de lui rien dire, et se mit de lui-même du côté de celui qui se faisait si prompte justice.

Elle fut enfermée dans un couvent, où on la trouve si bonne, si douce et si docile, si rose et d'une innocence si virginale, qu'on ne voulait pas croire qu'elle eût jamais commis la moindre faute, et qu'on se porta caution pour elle en la rendant aux siens. Elle avait édifié tous les habitants de cette maison par la ferveur avec laquelle elle s'était livrée aux pratiques de la religion.

Une fois libre, elle reprit le cours de ses scandales, et toute son existence se passa ainsi.

Après qu'elle eut fait le désespoir de son mari et de ses enfants, ceux-ci espérèrent enfin que l'âge venant à leur aide tempérerait le feu qui la dévorait. Ils se trompaient. Plus elle commettait d'excès, et plus elle prenait d'embonpoint, plus elle avait d'éclat et de fraîcheur. Comment est-il possible que des penchants si bas et des habitudes si dégradées puissent laisser à la physionomie tant de douceur, à la voix tant de jeunesse, au maintien tant de calme et au regard une sécurité si limpide?

Elle était veuve. Ses enfants qui n'avaient pu la garder chez eux et pour lesquels elle était un objet d'horreur, l'avaient reléguée hors des barrières, où ils lui servaient une rente.

Etant devenue vieille, elle était obligée de rétribuer les hommages qu'elle se faisait rendre et comme la petite pension qu'elle recevait était insuffisante pour cet usage, elle travaillait avec une ardeur infatigable pour pouvoir se payer un plus grand nombre d'amoureux.

A voir cette femme âgée si alerte au travail d'aiguille, s'en acquittant sans lunettes à soixante-dix ans et au delà, toujours propre et soignée dans ses vêtements, mais d'une propreté sans recherche, ayant l'apparence simple et honnête, le visage ouvert, jamais nous n'eussions deviné toutes ces turpitudes. Après qu'on nous les eut révélées, nous n'y eussions pas ajouté foi, si des preuves trop convaincantes ne nous eussent été fournies. Nous avons vu plusieurs de ces misérables hommes qui recevaient d'elle le prix de leur abjecte industrie. Ils venaient nous dire combien elle était laborieuse ; ils nous affirmaient et nous cautionnaient sa moralité, espérant lui faire rendre la liberté et retrouver ainsi leur salaire. Nous n'avons pu nous contenir, et dans notre indignation nous sommes parvenu à arracher à l'un d'eux l'aveu et les détails de ses amours infâmes.

Cette femme avilie, ce monstre, a conservé jusqu'à la fin son calme, sa douceur inaltérable et toute son apparence d'honnêteté.

Dans les premiers jours de mai 1858, elle a été prise d'engourdissement dans les membres du côté droit, et malgré une saignée promptement faite et le traitement indiqué, elle est morte le 17 du même mois, à la suite d'une hémorrhagie cérébrale dont l'autopsie nous a fourni la preuve. »

Deux points importants nous paraissent surtout devoir être notés dans cette observation.

Malgré ses appétits effrénés, cette malade n'a jamais présenté aucun autre désordre intellectuel.

Malgré ses habitudes dépravées, cette femme n'a cessé de jouir d'une excellente santé jusqu'au dernier jour de son existence.

Nous pourrions facilement multiplier les exemples de ce genre. On en trouve de nombreuses observations dans les auteurs et plusieurs personnages historiques ont présenté des dispositions analogues.

Il est aussi des malades chez qui cette forme peut se représenter à des intervalles plus ou moins longs sous forme d'accès périodiques tout à fait analogues aux accès de dipsomanie.

Mais il me suffira de vous avoir offert un type parfarfaitement pur de folie érotique à forme aphrodisiaque absolument indépendant de toute autre maladie physique ou mentale.

III

FORME OBSCÈNE

L'excitation sexuelle à forme obscène se rencontre chez des sujets dont le langage, l'attitude et les gestes sont constamment lubriques ; mais l'état physique ne répond point à cette excitation purement psysiologique. Ce sont des fanfarons de vice et le plus souvent ils sont absolument impuissants. Ces phénomènes se rencon.

trent chez les paralytiques généraux, chez certains vieillards et chez un grand nombre d'excités maniaques.

On peut dire d'une manière générale, que chez ces sujets il existe un désaccord entre les centres cérébraux et le centre génito-spinal.

Dans l'ordre naturel des choses, à mesure que les aptitudes sexuelles diminuent et s'éteignent avec l'âge, les désirs correspondants s'émoussent et l'équilibre s'établit entre les deux pôles opposés. C'est la marche de la nature, qui n'offre aucun inconvénient au point de vue de la santé, soit physique soit mentale.

Il en est bien autrement chez ceux qui, malgré l'extinction du pouvoir sexuel conservent les excitations cérébrales qui correspondent à des fonctions disparues. Chez eux, comme le dit J.-J. Rousseau, la volonté parle encore, quand les sens se taisent. Ils s'efforcent souvent de remédier à cet état de choses par des excitants nuisibles et l'équilibre de leur esprit est troublé par des préoccupations insensées et qui ne peuvent jamais aboutir à une satisfaction normale.

Il est cependant des sujets qui, sans être atteints d'impuissance, ont un langage tellement révoltant qu'il ne peut être attribué qu'à un état d'aliénation mentale. On rencontre souvent cette tendance chez les aliénés, et plus spécialement chez les femmes atteintes de folie hystérique, ou de manie puerpérale.

IV

LES EXHIBITIONNISTES

Nous rangerons auprès des sujets de cette espèce ceux que Lasègue appelait des *exhibitionnistes* (1). Sans être réduits à l'impuissance, ces individus, qui sont quelquefois des hommes encore jeunes, prennent un plaisir étrange à exhiber aux yeux des femmes et des jeunes filles leurs par-

(1) Lasègue, *Études médicales*.

ties sexuelles sans autre résultat que celui de choquer la pudeur publique.

Tel insensé se cache derrière les piliers d'une église pour scandaliser, pendant le culte, les femmes occupées à leurs dévotions.

Tel autre, dans les corridors d'une maison habitée, guette au passage les jeunes filles pour se montrer à leurs yeux dans une attitude indécente.

Un troisième se cache dans les endroits peu fréquentés du bois de Boulogne ou des jardins publics pour offrir aux personnes qu'il rencontre un spectacle obscène.

On s'expose ainsi à de graves pénalités, sans l'ombre d'une jouissance et c'est bien certainement une aberration d'esprit qui mène à des actes tellement insensés des hommes raisonnables en apparence.

L'hôpital de la Charité était autrefois entouré par des hôtels dont les fenêtres avaient vue sur l'intérieur des bâtiments. Un employé que ses fonctions appelaient à se rendre dans cet hôpital pour les épreuves cliniques du doctorat, avait l'habitude, pendant que les examinateurs et les candidats étaient aux prises, de choisir une attitude indécente dans un endroit d'où il pouvait être vu par les jeunes personnes qui se mettaient aux fenêtres. Et là il s'efforçait à plusieurs reprises de leur montrer ses organes génitaux purement et simplement sans autre provocation. Il fut dénoncé, poursuivi et condamné, il perdit naturellement sa place. Ainsi, pour se donner un plaisir ridicule, il sacrifia de la manière la plus inepte sa réputation, son honneur et ses intérêts.

Nous avons encore, en ce moment même, à la Clinique, un malade que l'on pourrait considérer comme un type classique d'exhibitionniste.

C'est un homme de trente-cinq ans, de taille moyenne, mais d'intelligence très-médiocre.

Dès l'âge de neuf ans, il se masturbait; à dix-huit ans, il fut arrêté et condamné à trois mois de prison pour avoir montré ses organes génitaux en plein jour à des dames qui passaient dans la rue de Richelieu.

Quelques temps après sa mise en liberté, pendant un repas, chez ses parents, son père le surprit se masturbant à table.

Depuis cette époque, il fut arrêté plusieurs fois dans les rues pour outrages à la morale publique.

Il s'est toujours contenté d'exhiber ses

organes génitaux dans les rues, sur les places publiques, sans autre provocation que cet acte stupide et insensé.

C'est encore pour un délit de ce genre qu'il vient d'être arrêté et c'est de l'infirmerie du Dépôt qu'il nous vient.

Des faits de ce genre ne peuvent relever que de l'aliénation mentale. Ces actes sont tellement dépourvus de sens commun, de réflexion intelligente qu'on ne peut donner à ces malades d'autre excuse.

V

NYMPHOMANIE.

Nous avons décrit les trois principales variétés de l'excitation sexuelle. Nous allons aborder un autre sujet.

On emploie généralement les mots de *nymphomanie* chez la femme ou de *satyriasis* chez l'homme comme synonyme de *fureur érotique*.

C'est ainsi que Trélat classe parmi les

nymphomanes le malade dont je vous ai rapporté l'histoire.

C'est là une erreur profonde. On doit résérver le mot *nymphomanie* pour désigner une affection grave résultant d'une lésion des organes génitaux ou des centres nerveux : on peut en distinguer deux espèces :

La forme chronique, moins dangereuse, se manifeste surtout par une excitation sexuelle exagérée ;

La forme aiguë, souvent accompagnée de fièvre, est d'un pronostic bien autrement sérieux ; sa marche est rapide, elle se termine habituellement par la démence ou la mort.

Un caractère essentiel de la nymphomanie, comme du satyriasisis, est l'impossibilité de satisfaire les désirs des malades. Il ne s'agit pas ici d'un orage physiologique, qui se calme après l'averse; il s'agit d'une irritation permanente, qui résulte d'une lésion anatomique. Les désirs provoqués par l'empoisonnement cantharidien en seraient en quelque sorte le type.

Les agriculteurs et les vétérinaires connaissent sous le nom de *vaches taurelières* certaines génisses qui sont véritablement atteintes de nymphomanie. Elles recherchent ardemment le mâle, et lorsqu'elles entrent dans une étable où se trouve un taureau, elles causent un véritable tumulte par leurs mugissements furieux et leurs mouvements désordonnés. Il est un moyen aussi simple que radical de les apaiser et de les guérir; c'est de leur enlever les ovaires. Ces organes sont visiblement rouges, tuméfiés, hypertrophiés. Il s'agit donc d'une vraie nymphomanie déterminée par une lésion des ovaires.

Chez la femme, cette maladie, souvent fébrile, est caractérisée par une grande accélération du pouls, qui peut aller jusqu'à 150 pulsations. La mort peut survenir assez rapidement.

Outre des lésions produites par la congestion des organes génitaux, on trouve à l'autopsie des thromboses des sinus et des lésions des méninges (surtout de la dure-mère).

Nous pouvons citer plusieurs observations qui sont absolument concluantes, tout en regrettant que les détails relatifs aux autopsies soient omis ou reproduits incomplètement par les auteurs auxquels nous empruntons ces faits.

Une femme d'un tempérament bilieux et sanguin, mère d'une fille déjà mariée, n'observa jamais un genre de vie régulier, et montra, pendant plusieurs années, une aversion extrême pour les approches maritales.

Plus tard elle fut prise d'accès d'asthme si violents qu'elle manqua périr. Helwich (1) soupçonna qu'ils marquaient en quelque sorte le principe d'une aliénation érotique.

« En effet, dit-il, je ne puis ignorer les bruits qui couraient la ville concernant ses appétits vénériens. Elle nous raconta elle-même franchement, mais sans grossièreté ni obscénité, avec quelle ardeur elle aspirait aux assauts amoureux que longtemps elle avait repoussés.

Elle nous décrivit également en termes honnêtes et sans geste indécents, mais

(1) Helwich, *Ephemérides naturæ curiosorum,* Obs. 148, pag. 308.

avec la plus grande exactitude, le feu qui la tourmentait : *Hiat vagina, quasi patratorem nervum cupidè admissura et amplexura ;* Κλείτορις *æstuat, erigitur, intumescit.*

« Elle se plaignait en outre de pesanteur dans l'hypogastre et de prurit aux parties extérieures de la génération. Ses discours n'offraient presque aucune aberration.

« Plus tard cette maladie s'aggrava et présenta tous les phénomènes, dit Helwich, d'une hystérie au plus haut degré.

« Quelques temps après, la malade mourut.

« En examinant la matrice, on trouva quatre excroissances de la forme d'un rein peu volumineux et dont deux avaient une cavité qui n'aboutissait pas dans l'utérus. Ces protubérances implantées à la base de cet organe par des filaments réunis en faisceaux étaient adossées contre les vertèbres. Du même côté on voyait des vésicules sur les ovaires et qui, incisées, firent jaillir près d'une demi-once d'une matière noirâtre et gélatineuse . »

Dans les observations de nymphomanie que rapporte Louyer-Villermay (1) il en est une particulièrement remarquable.

Il s'agit d'une demoiselle qui fuyait avec un soin égal la société des hommes et celle de ses compagnes ; elle était triste et rêveuse.

A l'âge de trente ans elle devint plus sombre et sujette à des accidents hystériques, ne sortant que pour se rendre à

(1) Louyer-Villermay, *Dictionnaire des sciences médicales*, article NYMPHOMANIE.

l'église, dont le prêtre, avancé en âge et d'une bonne réputation, formait toute sa société.

Peu après, elle éprouva, sur tout le corps, un prurit, plus prononcé au visage, depuis longtemps couvert de pustules. Pour guérir cette couperose, elle fit usage de douce amère, de lait, de petit-lait et de bains tièdes.

Bientôt elle perd l'appétit et ressent une grande révolution au physique comme au moral : ses yeux sont plus brillants que de coutume. Jusqu'alors elle s'était exprimée sensément et en termes choisis ; mais, un jour de fête, elle se rend de grand matin chez le pasteur et se fait remarquer par des actes indécents, des propos honteux et lascifs. Celui-ci la reconduit chez ses parents, qui voulurent lui donner une garde ; mais elle la refusa, disant qu'elle avait toujours détesté les personnes de son sexe.

A midi, on la trouva la face contre terre, les cheveux hérissés.

Plus tard, elle était assise sur une chaise, le visage rouge, les yeux étincelants; le pouls battait inégalement et avec fréquence; l'hypogastre était légèrement gonflé et douloureux. Pour réponse aux questions qu'on lui adressait, elle jeta au visage des assistants une tasse pleine de limonade.

Une demi-heure après, elle pousse un grand cri, puis récite la troisième strophe de l'*Ode à Priape*.

En ma présence, dit le médecin, elle se précipita sur son gardien, l'engageant, dans les termes les plus expressifs, à satisfaire de suite l'ardeur qui la consumait, menaçant, en cas de refus, de lui arracher la vie. »

Elle fut saignée largement, mais non sans peine et refusa les médicaments.

Sur ces entrefaites, le pasteur faisant tous ses efforts pour la calmer, elle s'élance hors du lit, nue comme une bacchante et le prie, avec une voix effrayante, d'assouvir ses sens, prétendant qu'elle avait toujours aimé par prédilection les prêtres.

Alors on lui lie les mains, et le curé se dispose à l'exorciser. Bientôt elle s'assoupit et les parties génitales sont arrosées d'un liquide infect. Ce calme fut attribué à l'exorcisme. Le pouls devint moins fréquent et l'hypogastre moins tendu ; la figure colorée se couvrit d'une sueur abondante. La malade paraissant insensible, on lui appliqu'à treize sangsues à la vulve, puis on la plongea, pendant deux heures, dans un bain presque froid.

Durant la nuit, elle fut assez tranquille,

mais elle marmottait continuellement, le pouls était alors faible, la respiration difficile ; elle portait fréquemment la main vers le vagin ; le clitoris était en érection. Pendant cette intermission, on s'efforça, mais en vain, de lui administrer le quinquina à hautes doses.

Le lendemain matin, il survint un désir effréné et furieux des plaisirs vénériens ; en même temps elle quitte son lit, jette sa chemise, descend les escaliers et se précipitant dans les bras d'un charpentier, elle l'appelle aux assauts amoureux, l'assurant que jamais il ne trouvera une aussi belle femme. On la lia de vive force et on la fit garder à vue par quatre servantes très vigoureuses. Le prêtre, de nouveau, s'efforça de chasser les démons par ses prières et ses cantiques, mais, pendant près de sept heures, elle ne cessa de proférer les propos les plus indécents.

Outre les symptômes de l'accès précédent, on remarqua que l'œsophage était fermé par une strangulation spasmodique.

Devant le pasteur, ses parents et ses médecins, elle récita les deux premières strophes de l'*Ode à Priape*. Le paroxysme dura neuf heures. Une prostration absolue lui succéda bientôt, le pouls devint misérable, il s'y joignit de fréquents hoquets et le rire sardonique.

Au milieu d'une sueur froide générale, cette infortunée expira.

L'ouverture ne fut point accordée par les parents.

Il est fort regrettable que l'autopsie n'ait pas eu lieu, on aurait certainement trouvé des lésions des organes génitaux et fort probablement des lésions des centres nerveux.

Louyer Villermay cite plusieurs autres observations où les autopsies montrèrent que chez ces malades le clitoris, l'utérus ainsi que les ovaires étaient tuméfiés et avaient acquis une grosseur extraordinaire.

En 1871, le Dr Maresch publia un travail basé sur neuf observations (1).

Dans trois cas, la maladie se termina par la mort dans un délai de cinq à huit jours.

Dans les autres, l'exaltation nymphomaniaque suraiguë céda au bout de dix à quatorze jours, mais le délire conserva une prédominance de préoccupations sexuelles qui dura jusqu'à un maximum

(1) Maresch, *Psychiatriches Centralblatt.* 1871.

de trois mois, et qui ne finit par dispa-
raître que pour faire place à la démence.

L'auteur, après avoir décrit la maladie,
termine ainsi :

Dans les cas très aigus, les intervalles
de repos étaient fort brefs. Dans les autres,
les accès de violente agitation nymphomaniaque étaient plus courts et s'espaçaient
davantage.

Les mouvements du cœur ont toujours
été accélérés et violents ; ils ont atteint
jusqu'à cent quarante ou cent cinquante
pulsations à la minute et l'accélération du
pouls a toujours été le signe le plus positif
de la terminaison fatale.

Dans la plupart des cas, il s'est produit
un œdème bien marqué du cuir chevelu,
qui a disparu lorsque l'issue devait être
favorable.

L'auteur ajoute quelques considérations

anatomo-pathologiques d'après lesquelles il serait porté à localiser cette affection dans la partie postérieure de la face interne des hémisphères ; en outre, il a trouvé deux fois la thrombose et une fois la phlébite du sinus falciforme.

Sans entrer dans la discussion de ces observations, nous nous contenterons de faire remarquer qu'elles nous paraissent offrir exactement les caractères des accès de folie hystérique, à forme convulsive, avec un état général d'excitation qui, dans certains cas, peut être portée jusqu'au délire aigu (1).

Comme vous le voyez, ces observations montrent combien on a tort de confondre la nymphomanie avec la folie érotique.

La nymphomanie est une maladie orga-

(1) Foville. *Annales médico-psychologiques.* 1874.

nique qui présente à l'autopsie soit des lésions des organes génitaux, soit des lésions
des centres nerveux, comme on le voit
dans les observations rapportées plus
haut.

Elle diffère absolument des excitations
génitales que nous venons de décrire, et
qui en général ne se rapportent pas à des
lésions anatomiques bien définies. Ce
sont de véritables cas d'aliénation mentale, tandis que la nymphomanie, telle que
nous venons de la décrire, n'est que l'un
des symptômes d'une maladie organique.

VI

SATYRIASIS.

Le satyriasis ne diffère de la nymphomanie que par sa gravité plus grande encore et par le caractère agressif des malades, qui se précipitent volontiers sur les
personnes de sexe opposé pour satisfaire
leurs désirs.

C'est sous ce nom de *satyriasis* que les

anciens étudièrent la folie érotique en général.

Galien, Aétius d'Amède (1) et Rufus
d'Éphèse (2) confondaient ensemble le
satyriasis et le priapisme.

Paul d'Egine, le premier, établit la distinction entre un symptôme (le priapisme)
et une maladie (le satyriasis) ; cependant
il semble n'avoir pas eu de notions plus
nettes que ses prédécesseurs.

Arétée est le premier qui ait étudié sé-
rieusement cette affection. Il en savait le
caractère grave et la marche aiguë. Il
avait observé que les malades en meurent
pour la plupart au bout de sept jours.
*Nam plerumque in septima die hominem
consumit.*

(1) Aétius *in* Rufus, *Œuvres*, trad. par Daremberg
et Ruelle. Paris, 1879 p. 119.

(2) Rufus, *Œuvres*, trad par Daremberg, Paris,
1879, p. 431.

Cœlius Aurelianus (1) définit la maladie, en donne les causes et en indique les symptômes.

Il reconnaît que c'est une forme d'aliénation mentale, *mentis alienatio*. Ses observations sont précises, il a bien vu la maladie, quoique l'on puisse regretter qu'il ne l'ait pas distinguée des autres formes de la folie érotique.

Jean Hartmann (2) a observé que l'issue de la maladie est fatale *per virium exolutionem tetanum et mortem.*

Wolfgang Wedel (3), le célèbre professeur de l'Université d'Iéna et beaucoup d'autres observateurs ont cité des observations

(1) Cœlius Aurelianus, *De morbis acutis et chronicis.* Amsterdam, 1709, p. 249.

(2) Jean Hartmann, *Officina sanitatis.* Noribergæ 1677, p. 640.

(3) Wolfgang Wedel, *Physiologia medica.* Iéna, 1580. Caput XVI, p. 572 *et seq.*

toutes affirmatives sur la gravité de cette affection.

Le satyriasis est une maladie rare et surtout rare dans nos climats ; elle est bien moins fréquente que la nymphomanie. Le nombre des observations connues est très restreint.

Mais, comme la nymphomanie, le satyriasis peut résulter d'une lésion des centres nerveux.

On a même vu ce phénomène résulter d'un traumatisme direct.

Chauffard, d'Avignon (1), rapporte un fait très curieux de ce genre.

Un homme de cinquante ans, de mœurs douces et d'un caractère paisible, fait une chute dans sa chambre, et se frappe vio-

(1) Chauffard, *Journal universel des Sciences médicales,* décembre 1828, et *Archives générales de médecine.* t. XIX, p. 263.

lemment la nuque contre un des angles du lit : il survient de l'empâtement à la région occipitale inférieure ; les habitudes de cet homme présentent une altération remarquable ; il est pris d'une salacité extraordinaire.

Jusqu'alors pieux et modeste, il tombe peu à peu dans le délire le plus érotique.

Cet état s'accroît pendant environ trois mois ; en même temps son intelligence et ses forces s'affaiblissent, lorsqu'à la suite d'une ardente colère que lui occasionnent les refus de sa femme, il tombe en convulsions, se plaint ensuite d'une vive douleur en avant du sommet de la tête, et ne ressent plus celle qu'il éprouvait à la partie postérieure et inférieure du crâne. Commencement de paralysie du côté gauche, cessation du satyriasis et du délire érotique ; délire religieux, marmottement continuel de prières, tels sont les phénomènes qui durent jusqu'à la mort, arrivée huit jours après cette transformation des phénomènes morbides.

L'autopsie du cadavre n'eut pas lieu. Il eût été curieux de constater l'état du cerveau et du cervelet, si tant est que celui-ci ait été primitivement et spécialement affecté.

Il est évident qu'il s'agit ici, selon toute probabilité, d'une lésion du bulbe.

Vous le voyez, le satyriasis et la nymphomanie sont des maladies très graves (c'est sous le nom de *folie génésique* que Moreau de Tours les désigne) (1) associées le plus souvent à des maladies organiques, et qui diffèrent absolument de la folie érotique.

(1) P. Moreau de Tours. *Aberrations du sens génésique.* Paris, 1884.

Je crois, par conséquent, qu'il faudrait désigner par le mot *aphrodisie*, les excitations sexuelles que nous venons de décrire et qui peuvent répondre, comme dans l'observation de Trélat, à une santé physique absolument parfaite.

Par *nymphomanie* ou *satyriasis*, il faudrait désigner au contraire un état morbide très grave, se terminant par la mort, et caractérisé par des lésions anatomiques.

Cette réforme du langage médical nous paraît utile au point de vue de la clarté scientifique.

Il me reste à vous parler des *perversions de l'instinct sexuel*. Ce sera le sujet de de notre prochaine conférence.

III

LA PERVERSION SEXUELLE

III

LA PERVERSION SEXUELLE

Jusqu'ici je vous ai entretenu du délire érotique dans ses diverses manifestations, je vous ai montré les aberrations platoniques du sentiment amoureux; je vous ai fait connaître ces exagérations insensées du penchant sexuel, qui vont jusqu'à l'extrême frontière qui sépare la raison de la folie, et qui souvent la franchissent.

Mais dans toutes les étrangetés que je vous ai signalées, il s'agissait d'un penchant naturel, exagéré, dévié ou travesti, mais qui restait toujours fidèle à son point d'origine.

Je propose aujourd'hui d'aborder la troisième partie du sujet, et de vous montrer les *perversions de l'instinct sexuel* qui, renversant complètement les données habituelles de la question, se trouvent en contradiction directe avec la nature et semblent aller contre le but qu'elle se propose.

Nous pénétrons ici sur le domaine de la médecine légale. Les actes dont je viens de vous parler, lorsqu'ils parviennent à la connaissance des autorités, amènent devant les tribunaux des prévenus qui souvent ne sont que des aliénés ; nous avons donc, avant tout, à nous préoccuper de leur état mental.

Nous allons donc aborder l'étude des perversions de l'instinct sexuel ; et parmi les sujets qui en sont atteints, nous distinguerons quatre grandes variétés.

Ce sont :

1° Les *Sanguinaires ;*

2° Les *Nécrophiles ;*

3° Les *Pédérastes ;*

4° Les *Intervertis ;*

A ces variétés on peut ajouter une cinquième qui a fait l'objet d'un travail récent de M. A. Binet (1).

Nous allons successivement examiner les traits psychologiques qui les caractérisent.

(1) A. Binet, *Le Fétichisme dans l'amour. (Revue philosophique,* 1887.)

I

LES SANGUINAIRES

L'une des conséquences les plus ordinaires et les plus naturelles de l'appétit
sexuel, c'est l'affection, l'attachement ou
tout au moins la bonne volonté qui s'établit entre les deux participants. Affection
souvent bien éphémère, attachement qui
peut offrir tous les degrés ; mais enfin ce
sentiment existe, même chez les animaux,

et pour nous transporter plus haut, dans une sphère supérieure, il peut devenir l'origine du sentiment le plus élevé, le plus pur et le plus désintéressé de la nature humaine.

Or, la tendance morbide sur laquelle je veux aujourd'hui appeler votre attention, se trouve à l'extrême opposé de ce penchant naturel. C'est le désir de torturer, de mutiler, de sacrifier l'objet de cette passion.

A chaque instant, les journaux nous rapportent des faits de cette espèce : des enfants, des jeunes filles surprises par des vagabonds, par des mendiants, qui sont souvent des demi-imbéciles, sont d'abord violées, ensuite assassinées avec d'incroyables raffinements de férocité.

Est-ce pour dissimuler son crime, est-ce pour satisfaire sa brutalité instinctive, que l'assassin sacrifie sa victime ? L'un et l'autre motif peuvent être invoqués.

Mais il existe incontestablement chez certains individus une satisfaction morbide à faire souffrir leur victimes.

Sans remonter jusqu'à l'histoire ancienne, sans parler de Cléopâtre qui faisait périr tous ses amants, lorsqu'ils ne s'appelaient pas Antoine ou Jules-César, nous trouvons plus près de nous des exemples d'une perversion sembable.

L'un des compagnons d'armes les plus célèbres de Jeanne d'Arc était le maréchal Gilles de Retz, qui combattit vaillamment à ses côtés pour chasser les Anglais de France. C'était un brave chevalier, mais dont les mœurs étaient tellement scandaleuses, même pour cette époque grossière, que lorsqu'il chevauchait à côté de la

Pucelle, les soldats disaient : *Voilà le diable qui chevauche à côté de la sainte Vierge.* » Il occupait une haute position après la guerre et jouissait de la faveur du prince, lorsque tout à coup il quitta brusquement le service du roi pour se retirer dans son domaine de Machecoul, en Bretagne, où il se livra pendant quatorze années à des orgies abominables, dans lesquelles il fit massacrer plus de huit cents enfants.

Il fut enfin arrêté, traduit devant la haute cour de justice présidée par « le tres sage et très juste messire Pierre de l'Hospital. »

Pendant l'interrogatoire, Pierre de l'Hospital, effrayé de la franchise des terribles aveux de l'accusé, l'interpelle en ces termes :

« Qui vous a induit à ce faire ? C'est

assurément l'esprit du mal, le tentateur?

» Je ne sais, répondit le seigneur Gilles de Retz, mais *j'ai de moi-même et de ma propre tête, sans conseil d'autrui,* pris ces imaginations d'agir ainsi seulement par plaisance et déclaration de luxure ; de fait, j'y trouvais incomparable jouissance, sans doute par l'instigation du diable.

» Il y a huit ans que cette idée diabolique me vint; ce fut l'année même où mon aïeul, le sire de la Suze, alla de la vie à trépas. Or, étant d'aventure en la librairie du dict château, je trouvai un livre latin de la vie et mœurs des Césars de Rome, par un savant historien qui a nom Suétonius ; ledit livre était orné d'images fort bien peintes, auxquelles se voyaient les déportements de ces empereurs païens, et je lus en cette belle histoire comment Tibérius, Caracalla et autres Césars s'ébattaient avec des enfants et prenaient plaisir à les martyriser.

Sur quoi, je voulus imiter les dits Césars et le même soir me mis à le faire en suivant les images de la leçon et du livre..... Pour un temps je ne confiai mon plan à personne, mais depuis je dis le mystère à plusieurs personnes, entre autres à Henriet et à Poutou, *que j'avais dressés à ce jeu.*

» Ce furent les susdits qui aidaient au mystère, et qui avisaient à trouver des enfants pour mes besoins. Les enfants tués à Chantocé étaient jetés en bas d'une tour en un pourrissoir d'où je les fis tirer une certaine nuit et mettre dans un coffre pour être transportés à Machecoul et brûlés, ce qui fut fait.

» Quant à ceux occis à Machecoul et à Nantes en l'hôtel de Suze, on les brûlait en ma chambre, hormis quelques belles têtes que je gardais comme reliques.

Or, je ne saurais dire au juste combien furent ainsi tués et ars, sinon qu'ils furent bien au nom de six vingt par an. »

Pendant sa détention, on prétend que Charles VII lui fit exprimer ses regrets de l'avoir vu quitter la cour disant que rien de ceci ne serait arrivé s'il était resté en la capitale auprès de lui.

Le maréchal répondit par cette étrange lettre, qui est rapportée par le bibliophile Jacob (1).

« Souventes fois, je me lamente et reproche d'avoir laissé votre service, mon très-vénéré Sire, il y a six ans, car en y persévérant je n'eusse point tant forfait.

(1) Jacob, *Curiosités de l'Histoire de France, Causes célèbres*. 1859.

Mais je dois néanmoins confesser que je fus induit à me retirer en mes terres de Retz par une certaine furieuse passion et convoitise que je sentais envers votre propre dauphin tellement que je faillis un jour l'occire, comme j'ai depuis occis nombre de petits enfants *par secrète tentation du diable.*

Donc je vous conjure, très redouté Sire, de ne pas abandonner en ce péril votre très-humble chambellan et maréchal de France, lequel ne veut avoir la vie sauve que pour faire une belle expiation de ses méfaits sous la règle des Carmes. »

Condamné au bûcher par la Cour, il fut étranglé le jour même de son exécution avant d'être brûlé. C'est la seule grâce qui lui fut accordée. Or, le dauphin dont il s'agit régna plus tard sous le nom de

Louis XI; et si Gilles de Retz avait donné libre essor à sa passion, il est probable que le cours de l'histoire de France aurait été profondément modifié.

Un personnage plus moderne et non moins célèbre, le marquis de Sade, réduisant ses pratiques en système, avait créé, vers le commencement de ce siècle, sa fameuse théorie du plaisir sanglant. Il prétendait que, dans les relations sexuelles, le plaisir de l'un se mesurait aux souffrances de l'autre.

Dans un roman très curieux, mais d'une lecture fatigante, intitulé *Justine*, il multiplie les combinaisons les plus insensées, et dans les gravures qui servent à illustrer cet ouvrage que j'ai eu entre les mains, bien qu'il soit aujourd'hui sévèrement prohibé, il étale les assemblages les plus fantastiques. On y voit, par exemple, une chaîne interminable de pédérastes, franchissant un mur pour redescendre de l'autre côté, sans aucune solution de continuité.

Mais ce qui domine dans ce singulier ouvrage, ce sont les idées de torture et de mutilation, ce sont les descriptions du *plaisir sanglant*, dont un des exemples consiste à posséder une femme pendant que le sang coule à flots des incisions larges et profondes pratiquées sur ses seins.

Il ne s'agit point ici de spéculation pure, mais de faits réellement accomplis. Le marquis de Sade attirait chez lui des femmes, auxquelles il faisait subir les mutilations décrites dans son livre. Il fut enfin traduit en cour d'assises avec son domestique qui lui servait de complice. Ce dernier fut exécuté. Quant au marquis, la volonté toute-puissante de l'empereur le fit transférer à Charenton. Napoléon avait jugé avec raison qu'il s'agissait, non d'un criminel, mais d'un aliéné.

Pendant longtemps on vit cet aimable vieillard, au visage souriant, s'entretenir dans des conversations pleines de bienveillance avec ses co-détenus et s'efforcer (sans beaucoup de succès) de les convertir à ses doctrines.

Le marquis de Sade a été souvent dépassé, car les tendances meurtrières dont je viens de parler peuvent aller jusqu'à l'anthropophagie.

Blumrœder a donné des soins à un homme qui, pendant le coït, avait eu la poitrine dévorée par une femme lascive.

Nous avons eu à la clinique de Sainte Anne, un épileptique d'une vigueur extraordinaire, qui, dans des conditions semblables, avait mangé le nez de sa maîtresse, déchirant les cartilages et brisant même à coups de dents les os propres du nez.

Mais ce sont là, direz-vous, de simples accidents, des explosions de fureur érotique.

Il n'en était pas ainsi dans le cas d'André Bichel, dont l'histoire à été rapportée par Feuerbach.

Cet homme, après avoir violé des jeunes filles, les assassinait et les coupait en morceaux. Il raconta lui-même devant le tribunal qui le jugeait le démembrement d'une de ses victimes, Catherina Seidel.

« Je lui ouvris la poitrine, dit-il, et avec un couteau je fendis les parties molles ;

puis j'ai débité le corps comme un bou-
cher ferait d'un veau. Je l'ai fendu en
deux avec une hache, pour le faire entrer
dans le trou que j'avais creusé d'avance
sur la berge. Pendant toute cette opéra-
tion, j'éprouvais un violent désir d'arracher un lambeau du cadavre et de le manger (1) » .

Ce désir, un véritable anthropophage,
Léger, l'a satisfait.

Un vigneron de 24 ans quitte la maison
de ses parents pour aller chercher une
place. Au lieu d'accomplir raisonnable-
ment son projet, il erre dans le bois, pendant huit jours, pris d'un désir insensé de
de manger de la chair humaine.

Il rencontre enfin une petite fille de
douze ans, il la viole, puis il lui déchire

(1) Westphal, *Archiv fur Psychiatrie*. Band vii.
p. 302.

les organes génitaux, lui arrache le cœur, le mange et boit son sang ; puis il enterre le cadavre.

Arrêté peu de temps après il fait tranquillement l'aveu de son crime. Il fut condamné et exécuté.

L'autopsie fut faite par Esquirol (1), qui trouva des adhérences entre la pie-mère et et les couches corticales du cerveau. S'agissait-il d'un début de paralysie générale ?

Il y a peu d'années, un crime analogue fut commis par Menesclou sur une petite fille de six ans (2). On sait qu'à l'autopsie de ce criminel, qui fut aussi guillotiné, le

(1) Esquirol, *Des maladies mentales*. Paris, 1838.
(2) Lasègue, Brouardel et Motet, *Affaire Ménesclou, examen de l'état mental de l'accusé*. (*Annales d'Hyg. et de médecine légale*, 1880, 3ᵉ Série, t. VII, p. 439.)

BALL. — Folie érotique.

professeur Ch. Robin trouva les lésions d'une méningite chronique.

Il serait facile de multiplier les exemples de ces aberrations qui relèvent évidemment de l'aliénation mentale ; mais il nous semble inutile de dresser ici une liste qui ne saurait être complète.

Qu'il nous suffise de noter trois points fondamentaux qui nous paraissent caractériser les actes de cette nature.

1° L'instinct sexuel n'est point satisfait par le coït; c'est une particularité que nous avons déjà notée chez les nymphomanes. Le désir se transforme aussitôt en fureur et conduit à la férocité, au meurtre et à l'anthropophagie.

2° Les criminels de cette espèce aiment à mutiler les organes génitaux de la victime. Il y aurait là une sorte d'instinct sexuel dépravé.

3º Presque toujours les sujets de cette espèce sont des héréditaires. Ils sont quelquefois des imbéciles ou des demi-imbéciles; et souvent on trouve à l'autopsie des lésions anatomiques de l'encéphale, ce qui achève de démontrer que ces prétendus criminels sont de véritables malades, de vrais aliénés.

Je viens de vous montrer la forme la plus grave de la perversion de l'instinct sexuel, celle qui mène aux conséquences les plus terribles.

Il me reste à vous parler des autres manifestations de cette tendance morbide, qui, pour être moins dangereuses en elles-mêmes, n'en sont pas moins contraires à la nature.

II

LES NÉCROPHILES

Le nécrophilisme ou la nécrophilie constitue un degré extrême et l'une des plus remarquables déviations de l'appétit vénérien, et dénote chez les auteurs la plus étrange aberration mentale coïncidant parfois, *en apparence*, avec la plus saine raison.

Le vieil Hérodote nous raconte comment Périandre, tyran de Corinthe, après avoir fait mourir sa femme Mélitta, eut des rapports sexuels avec le cadavre.

Ce nécrophile historique a eu des émules à toutes les époques.

Connus dans l'antiquité et au moyen âge sous le nom de *lycanthropes*, *vampires*, *démoniaques* nommés *nécrophiles* par Guislain, etc... ces malheureux furent la terreur des populations et l'objet des mesures les plus sévères.

On a vu, paraît-il, des prêtres violer les cadavres auprès desquels ils étaient chargés de réciter les dernières prières.

Il y a plusieurs années, M. Baillarger a donné lecture à l'Académie de Médecine d'un rapport sur un cas de nécrophilisme fort intéressant (1).

(1) Baillarger, *cas remarquable de maladie mentale*, observation recueillie au dépôt provisoire des aliénés

Il s'agissait d'un sieur X***, âgé de vingt-sept ans, d'un tempérament lymphatique, mais doué néanmoins, d'une très grande force musculaire. Il a présenté dès ses premières années des signes non douteux d'idiotie. A mesure qu'il avançait en âge, l'absence d'intelligence devenait de plus en plus manifeste.

X*** ne put jamais apprendre à lire; il était d'ailleurs violent, indocile, plein de bizarreries. Élevé par les soins de l'administration de l'hospice de Troyes, il fut successivement placé chez plusieurs paysans, mais aucun d'eux ne put le garder. On le ramenait à l'hospice, déclarant ne rien pouvoir obtenir de lui.

Plus tard, X*** devient sujet à des accès

de l'Hotel-Dieu de Troyes, par le Docteur Bédor. (*Bulletin de l'Académie de Médecine*, 1857-58, t, XXIII, p. 136.)

de manie périodique. Presque tous les mois, il était pendant plusieurs jours d'une violence extrême, injuriant les personnes qu l'entouraient, proférant des menaces de mort et d'incendie. Il fallait alors quelquefois le renfermer dans une cellule et même dans quelques cas le maintenir fixé par la camisole de force.

De temps en temps, il quittait furtivement l'hospice, et après avoir erré plusieurs jours dans la campagne, il revenait exténué de fatigue, les vêtements en lambeaux et couvert de boue, Cependant dans les intervalles de ses accès, X*** pouvait se livrer aux plus rudes travaux; il était infatigable et faisait à lui seul l'ouvrage de plusieurs personnes. Aussi, malgré son état d'imbécillité, trouvait-on de temps en temps des cultivateurs qui consentaient à le prendre.

Cependant, un fait d'une extrême gravité vint mettre fin à ces essais de liberté.

X*** se trouvait alors chez un cultivateur du bourg d'Eslissac, lorsqu'en présence de cinq ou six personnes il commit une tentative de viol sur une paysanne. On fut forcé de le réintégrer à l'hospice de Troyes, où bientôt se passèrent les actes monstrueux qu'il nous reste à raconter :

X*** trompant la surveillance des gardiens s'introduisait dans la salle des morts, quand il savait que le corps d'une femme venait d'y être déposé, et il se livrait aux plus indignes profanations.

Il se vanta publiquement de ces faits, dont il ne paraissait pas comprendre la gravité. D'abord on ne put y croire ; mais, appelé devant le directeur, X*** raconta ce qui se passait de manière à lever tous les doutes.

On prit, dès ce moment des mesures pour mettre cet homme dans l'impossibilité de renouveler les profanations qu'on venait de découvrir. Mais cet idiot, si privé d'intelligence pour toutes choses déploya, dans ce cas, un instinct de ruse qui le fit triompher de tous les obstacles. Il avait dérobé une clef qui ouvrait la salle des morts et les profanations de cadavres purent ainsi continuer pendant longtemps.

Il fallut enfin reconnaître l'inutilité des mesures employées jusque-là pour prévenir le retour d'actes si odieux et X*** fut envoyé à l'asile des aliénés de Saint-Dizier.

Mais il faut franchir un pas de plus, arriver à ceux qui, pour satisfaire leurs passions, vont jusqu'à déterrer les morts et briser leurs cercueils.

En 1848, on constata à plusieurs repri-

ses au cimetière Montparnasse que les tom-
bes récemment creusées avaient été profanées. Malgré les précautions qui furent
immédiatement prises, ces attentats se re-
nouvelèrent plusieurs fois de suite.

Ce ne fut qu'après un temps assez long
qu'on parvint à surprendre le coupable.
C'était un sergent, nommé Bertrand, en
garnison à Paris, dont la conduite paraissait irréprochable et qui avait d'excellentes
notes au régiment.

Cet homme, dont la généalogie démon-
trait nettement qu'il était un héréditaire,
avait tous les quinze jours environ des
maux de tête extrêmement violents qui
précédaient les crises dans lesquelles se
manifestaient ces désirs morbides. Il esca-
ladait alors avec une grande agilité les
murs du cimetière et déterrait les femmes
récemment ensevelies, pour satisfaire sa

passion. Traduit en conseil de guerre, il fut condamné à un an de prison.

On voulut ainsi donner une satisfaction à l'opinion publique en évitant de prononcer l'acquittement, et rendre hommage à l'expertise faite par les aliénistes, qui avaient reconnu que Bertrand était atteint de folie.

On peut rapprocher de ce fait les profanations récemment accomplies au cimetière de Saint-Ouen par un des gardiens, Brau, qui allait jusqu'à déterrer des femmes mortes de la variole pour violer leurs cadavres. Cet homme était marié, et sa femme a pu témoigner de la brutalité de ses habitudes.

Une perversion aussi monstrueuse de l'appétit sexuel ne peut exister que chez des fous, et les nécrophiles sont certainement des aliénés.

Ce sont presque toujours ou des dégé-
nérés ou des congénitaux. Mais certainement ils ont toujours une tare : le malade dont l'observation est rapportée par
M. Baillarger en est un type complet,
Bertrand n'échappe pas plus à l'hérédité
que Brau.

Mais nous abordons maintenant un sujet différent, et nous allons nous occuper
d'une perversion sexuelle qui peut coïnci-
der avec un état parfaitement normal de
l'intelligence et même avec les facultés les
plus brillantes de l'esprit.

III

LES PÉDÉRASTES

On sait que les peuples les plus éclairés de l'antiquité n'ont point considéré la pédérastie comme un vice.

A Sparte, la loi commandait aux vieillards de prendre pour amants des jeunes gens pour leur inculquer la vertu et leur inspirer le courage militaire. Dans tout le reste de la Grèce, la pédérastie, sans être formellement sanctionnée par la loi, était ouvertement pratiquée.

Nous avons l'habitude de considérer l'antiquité à travers un prisme qui nous la montre sous les plus brillantes couleurs et nous empêche d'apercevoir ses turpitudes. Mais il faut bien se rappeler que plusieurs de ces figures héroïques, pour lesquelles nous avons conçu la plus juste admiration, étaient souillées par ce vice, qui ne diminuait en rien l'estime dont les entouraient leurs contemporains.

Epaminondas, l'homme le plus vertueux de l'antiquité, était l'amant de ses propres soldats, et lorsqu'il tomba glorieusement à la bataille de Mantinée, deux jeunes guerriers, ne voulant pas lui survivre, se tuèrent sur son cadavre.

Le grand Alexandre, suivant l'expression d'un de ses historiens, était φιλόπαις ἐκμανῶς, et son aversion pour les femmes était tellement prononcée qu'il fut difficile de lui faire prendre les soins nécessaires pour perpétuer sa dynastie.

Mais ce sont là les effets du vice, et nous avons à nous occuper de la maladie.

La pédérastie est une passion qui touche de près à l'aliénation mentale.

Un exemple célèbre et presque historique de cette disposition morbide est celui du comte Caïus dont l'histoire nous a été rapportée par Casper.

Cet homme, qui appartenait à une des grandes familles de Prusse, avait largement usé des femmes jusqu'à l'âge de trente-deux ans. Vers cette époque, blasé sur ce genre de jouissances, il s'était adonné à la pédérastie et avait bientôt choisi le rôle passif. Il avait des amants pour lesquels il

éprouvait tous les sentiments d'une maîtresse ardente et jalouse : il leur adressait
des lettres brûlantes qui ont été lues au
cours du procès, et leur faisait des scènes
de jalousie, parce qu'il croyait avoir à se
plaindre de leur fidélité.

Il avait fondé une société composée de
sept pédérastes. Il donnait des soirées
dans lesquelles des hommes se déguisaient
en femmes et jouaient un rôle féminin.

Il fut enfin dénoncé et traduit en justice,
et lorsqu'il parut devant les tribunaux, il
déclara « *qu'il ne croyait pas avoir violé
les lois de son pays.* »

Grâce aux puissantes influences dont
disposait sa famille, il fut considéré comme
aliéné. Il est certain qu'il devait avoir l'esprit malade.

Une société analogue à celle qu'avait

fondée le comte Caïus, a existé à Paris, dans les dernières années du second Empire.

On y voyait figurer quelques-uns des plus beaux noms de France. On organisait des réunions où la moitié des invités se déguisaient en femmes ; et un personnage qui s'affublait du costume de l'archevêque de Paris, bénissait les mariages.

Un hasard singulier fit découvrir cette association. Elle se réunissait dans une petite maison écartée, dans un quartier excentrique de Paris. Le gouvernement de l'époque, qui redoutait perpétuellement un danger politique, crut y voir une conspiration. La maison fut cernée et les personnages qui s'y trouvaient furent arrêtés : c'est ainsi que le secret fut découvert.

Il est incontestable que chez beaucoup

de sujets, comme le fait très justement observer Casper (1), la pédérastie se produit
en vertu d'une prédisposition originelle
chez des sujets qui ont dès le principe des
tendances efféminées (*viri molles*), qui aiment la toilette, qui portent des bijoux;
qui se chargent les doigts de bagues et dont
le langage a souvent une tournure singu-
lière.

Un pédéraste appelé à déposer en cour
d'assises à la suite d'une rixe, s'écriait en
parlant d'un agresseur qui l'avait attaqué
par derrière : « *Ah ! le misérable ! il m'a
frappé dans le bassin !* »

Souvent, chez ces individus, on trouve
des signes non équivoques d'une maladie
mentale. Leur arbre généalogique renferme
les preuves d'une hérédité pathologique.

(1) Casper, *Médecine légale*. — Voyez aussi Amb.
Tardieu, *Étude médico-légale sur les attentats aux
mœurs*. 7ᵉ édition, Paris, 1878.

Leurs accès d'érotisme reviennent périodiquement. Enfin certains d'entre eux sont atteints de mal comitial. C'est ce que Tarnowski (1) appelle la *pédérastie épileptique*.

C'est surtout aux sujets de cette espèce qu'on peut appliquer l'épithète de *congénitaux*. Ils ont apporté en naissant une prédisposition cérébrale qui devait, plus tard, les rendre tributaires d'un vice qui n'était chez eux que la manifestation d'une maladie.

Ce sont encore, dans une certaine mesure, des aliénés plutôt que des coupables.

La pédérastie en pareils cas est plutôt un symptôme de dégénérescence psychique qu'un état pathologique spécial.

Il existe aussi ce qu'on peut appeler la

(1) Tarnowski, *Die Krankhaften Erscheinungen des Geschlechtsinns, eine forsichen psychatrische*

pédérastie acquise ; c'est un penchant contre nature, qui peut résulter d'habitudes
vicieuses, telles que l'alcoolisme ou la masturbation, mais qui reconnaît souvent
pour cause d'autres maladies, telles que
la paralysie générale au début, la cystite
et les maladies de la prostate chez les
vieillards.

La pédérastie se montre souvent chez
les hermaphrodites, c'est-à-dire chez des
sujets dont les organes génitaux mal déve-
loppés laissent planer un doute sur leur
véritable sexe. Dans ces circonstances, on
voit souvent des sujets, qui malgré les apparences appartiennent au sexe masculin,
se prêter au rôle de la femme, et la réci-
proque est également vraie.

On comprend que l'organisation physi-

studien, Berlin, 1886, et Reuss, *Aberrations du sens
génésique chez l'homme (Ann. d'hyg.*, 1886, tome
XVI, p. 125).

que du sujet est responsable ici de la perversion de l'appétit sexuel.

Il faut bien déclarer, toutefois, que
la très grande majorité des pédérastes
ne sont nullement des aliénés, mais des
hommes profondément vicieux et souvent
des criminels ordinaires.

IV

LES INTERVERTIS

Il est des individus qui, malgré le développement normal et le fonctionnement
régulier de leurs organes génitaux, n'é-
prouvent aucune attraction, mais bien
plutôt de la répulsion pour les personnes
du sexe opposé au leur, et dont l'appétit
génital ne se réveille qu'en présence des
personnes de leur propre sexe. Dans ce
cas, par ses appétits vénériens, un homme

se sent femme vis-à-vis d'un autre homme, une femme se sent homme vis-à-vis d'une autre femme.

C'est l'histoire de cette anomalie que Westphal a signalée il y a quelques années, sous le nom de *Instinct sexuel interverti* ou *sexualité contraire*.

Le véritable auteur de cette description est un haut fonctionnaire hanovrien, Carl Heinrich Ulrichs, qui, sous le pseudonyme de Numa Numantius, a raconté sa propre histoire. Il a formulé à cet égard une théorie fort ingénieuse. Il suppose que de temps en temps, par une méprise du Créateur, une âme de femme se trouve incluse dans le corps d'un homme. Doctrine fort orthodoxe, car on sait que les théologiens admettent que c'est au quatrième jour de la vie intra-utérine que l'âme vient habiter le corps; jusque-là le fœtus est un corps sans âme.

On comprend sans peine la gêne que doit éprouver une âme féminine emprisonnée dans un corps masculin. Ses aspirations, ses penchants, son amour sont dirigés vers le sexe différent quant à l'âme, mais identique quant au corps. A ces organisations malheureuses, l'auteur donne le nom de *Urninge*, tandis que les *Dioninge* sont de vrais hommes.

Sans nous préoccuper de ces digressions fantaisistes, nous pouvons admettre la réalité du fait, observé, en Allemagne, par Westphal et Krafft Ebing, en Angleterre, et, en Amérique, par de nombreux aliénistes, et, en France, par Legrand du Saulle (1), ainsi que par MM. Charcot et Magnan (2).

(1) Legrand du Saulle, *Les Hystériques, état physique et état mental.* Paris, 1883.

(2) Charcot et Magnan, *Archives de Neurologie.* 1882, nos 7 et 12.

Les intervertis peuvent appartenir à l'un et à l'autre sexe, mais cette perversion est beaucoup plus fréquente chez l'homme que chez la femme.

Les sujets de cette espèce ont souvent un beau développement physique, ils sont grands, forts, bruns ; le système pileux est bien développé, la force musculaire considérable, les organes génitaux bien constitués. On prétend que chez eux les manifestations de l'appétit sexuel sont précoces, on assure qu'ils aiment la toilette, qu'ils sont très soigneux de leur personne, épilent minutieusement leurs joues, portent des bagues, ont des allures théâtrales, se regardent fréquemment dans un miroir et parlent un langage plein d'affectation.

Mais ce qui constitue un caractère plus important, c'est qu'ils ne versent presque jamais dans la pédérastie, qui leur inspire une vive répulsion. S'ils ne se contentent pas toujours d'un amour platonique, ils recherchent les embrassements tendres et les caresses passionnées, mais ils ne vont pas plus loin.

Pour la plupart de ces organisations de constitution névropathique avec faiblesse irritative du système génital, la vie sexuelle anormale se réveille de bonne heure, même dans l'enfance, et l'on voit l'enfant dédaigner les jeux de son âge pour préférer ceux du sexe opposé.

Presque toujours, ils ont des antécédents héréditaires ; presque toujours, ils présentent quelques troubles intellectuels parmi lesquels on signale la folie du doute, la manie de compter les objtes ou de refaire plusieurs fois le même chemin.

Mais ils savent toujours ce qu'ils font,

ils sont atteints de *folie avec conscience.*

D'après Westphal (1), ces malades ont la consience douloureuse de leur situation anormale.

Krafft Ebing au contraire, pense qu'ils se trouvent heureux de leur état et qu'ils sont malheureux seulement des obstacles que l'opinion et la loi opposent à leur penchant.

Numa Numantius estime que la proportion des intervertis est de 1 sur 500. J'ignore sur quels renseignements il a pu baser cette statistique ; en effet, le nombre des cas qui nous sont connus ne dépasse guère une trentaine ; il est vrai que nous ignorons ce qui se passe derrière le mur de la vie privé.

La société, la loi, partent d'un principe

(1) Les travaux de Westphal et de Krafft Ebing ont été analysés par le Dr Hildenbrand, *Ann. Méd. psych.*, 1881.

faux, lorsqu'elles confondent ces malades avec les pédérastes.

La pédérastie est un vice qui résulte d'un motif réfléchi, déterminé, et c'est avec raison que la pudeur publique s'en révolte et que la loi le flétrit.

L'interversion sexuelle n'est ni un vice, ni une passion immorale, mais un penchant maladif qui a le caractère de l'impulsion, de l'instinct; c'est une tendance instinctive et congénitale, c'est la seule manière dont un individu mal organisé puisse manifester sa vie sexuelle.

Il faut que l'opinion publique et la législation comptent avec des faits irrécusables et qu'elles tracent une ligne de démarcation entre l'interversion sexuelle et la pédérastie.

J'ai terminé, messieurs, le tableau de la folie érotique.

En vous conduisant sur ce terrain difficile, je n'ai pas eu, je le répète, l'intention de satisfaire une curiosité malsaine ; j'ai voulu vous montrer l'une des manifestations les plus remarquables de ces délires partiels, dont la connaissance est indispensable aux aliénistes qui veulent remplir dignement le rôle d'experts auquel la justice peut les appeler.

J'espère que vous ne regretterez point le temps que nous avons employé à parcourir cette province de l'aliénation mentale et à développer les considérations d'ensemble qui découlent des faits cliniques dont je vous ai tracé l'histoire.

FIN

TABLE DES MATIERES

www.ingramcontent.com/pod-product-compliance
Lightning Source LLC
Chambersburg PA
CBHW070801290326
41931CB00011BA/2098